RESTAURACIÓN TOTAL Saliendo del pantano del adulterio
Dr. Miguel Ramírez
Cel. 333 722 25 70

Título original: *Adúlteros Anónimos*

ISBN: 978-0-9823282-2-4

Corrección de estilo: Nora Beatriz González
Re-diseño de portada: Miguel Angel Sánchez Carreón
Fotografía: Julio Splinker F.
Asesor editorial: Armando Carrasco Z.

Publicado por:
Editorial Mies
Dr. Miguel Ramírez
mies2@hotmail.com

Impreso y distribuido por *Ingram Book Company*

Si no se indica otro origen para esta traducción las citas bíblicas (en **negritas**) pertenecen a: La Santa Biblia®
Versión Reina-Valera (RV) Revisión de 1960

Ninguna parte de este libro se puede reproducir, almacenar en ningún sistema, o transmitir en ninguna forma electrónica, mecánica, fotocopia, grabación o por cualquier otro método, sin permiso escrito del autor.

© **2009 Miguel Ramírez**

RESTAURACIÓN TOTAL

Saliendo del pantano del adulterio

DR. MIGUEL RAMÍREZ

Dedicatoria

A todos aquellos que quieren una nueva oportunidad para erradicar definitivamente el flagelo del adulterio con todas sus consecuencias de su vida, familia y ministerio.

Agradecimientos

A todos aquellos que con sus testimonios, experiencias y vivencias, hicieron posible la realización de este proyecto.

Índice

Introducción	9
El placer del momento y sus consecuencias	11
Pero...¿Cómo comenzó todo?	21
El adulterio	31
Haciendo un poco de historia	37
El adulterio nunca viaja solo	45
Todo al descubierto	61
Arrepentimiento Vs. Perdón	85
¿Un nuevo día?	97
El adulterio y la sociedad	101
Mitos acerca del adulterio	105
Cómo prevenir el adulterio	111
¿Qué dijo Jesucristo sobre el adulterio?	119
Eres el resultado de tí mismo	139
¿Qué es la dependencia sexual?	145
Confiesa tu pecado o tu adicción	153
Viviendo día a día	163
Formatea tus pensamientos	169
¿Qué mentiras estoy creyendo que no...?	177
Pidiendo ayuda divina	193
Camina acompañado	201
Comparte tu experiencia, valora tu nueva vida	211
Palabras finales	235

Introducción

Durante mucho tiempo dentro de nuestra sociedad, el adulterio ha sido un tema sobrentendido, sobrellevado y en muchos de los casos tolerado, y aunque es tema de canciones, bromas, chistes; sigue siendo un tema tabú dentro de su contexto real.

Por ejemplo dentro de la cultura mexicana, y considero que latina, el hombre que tiene muchas mujeres es sinónimo de verdadero hombre, "de macho", es considerado como alguien que realmente tiene éxito en la vida. Y muchas mujeres se han consolado diciendo "que ellas son las catedrales, y no importa cuantas capillitas más tenga su esposo". Esto es una realidad que se vive dentro de muchos de nuestros pueblos latinoamericanos, ya dentro de la alta sociedad, normalmente se maneja con más diplomacia, y la mayoría de las veces es "un secreto a voces", pero que se tolera y no se confronta; mucho menos se le pone un alto o se proponen soluciones apropiadas para erradicarlo de nuestra familia, de nuestra sociedad, de nuestra nación y de nuestra vida.

Poco a poco algunos conceptos han ido cambiando, evolucionando, pero muchos de los valores familiares se han seguido corrompiendo, sin darnos cuenta hemos dado lugar a situaciones de consecuencias devastadoras en lo personal, en lo familiar y en lo colectivo, ya que el adulterio descubierto ha sido motivo de divorcios, separaciones, niños abandonados y mujeres maltratadas, que ha redundado en destrucción de la sociedad, ya que la familia es la célula primordial de la sociedad; y si esa célula está dañada por consiguiente la sociedad reflejará el efecto de tal destrucción.

Hago un llamado a la recapitulación de nuestros actos, a la voz de nuestra conciencia que por nuestros propios intereses mezquinos de placer fortuito y dolor permanente hemos callado. Hombres, mujeres y niños han sido destruidos por este flagelo que azota a nuestra comunidad, y ya es tiempo de detener, de volver a construir y de RESTAURAR, para poder ser vencedores, ejemplo y sal de nuestra familia y de nuestra sociedad que tanto lo necesita.

Iniciemos pues nuestro recorrido por este tema tan escabroso, pero que tiene una solución real a este flagelo actual que ha corrompido durante mucho tiempo a nuestra sociedad.

Dr. Miguel Ramírez

Capítulo 1
El placer del momento y sus consecuencias

No hay nada más fugaz que el placer de una relación prohibida, eso pensaba Manuel mientras caminaba rumbo a su casa, donde su esposa e hijos le esperaban. Él había llamado antes a su casa para avisar que uno de sus clientes tenía un problema y que él se había quedado a solucionarlo.

Era una verdad a medias (una mentira) ya que realmente Sofía era una clienta de la compañía en la que él laboraba, pero desde hacía hace tres meses mantenían una relación amorosa. Todo había comenzado por la relación del trabajo; Manuel estaba trabajando en la realización de un paquete publicitario para la empresa de Sofía, y cuando lo comenzaron a revisar las reuniones se fueron prolongando, comenzaron las confidencias. Sofía le dijo a Manuel: "que su esposo Andrés, hacia varios meses no la tocaba, y que últimamente no la comprendía, que llegaba de mal humor y ni siquiera platicaba con ella". Manuel como todo un caballero le ofreció su pañuelo ya que para estas alturas, ella estaba llorando, él le dijo: "que no se preocupara, que tal vez Andrés estaba pasando por un mal momento en su trabajo pero que eso se iba a solucionar pronto".

Poco a poco Sofía le fue teniendo más confianza a Manuel, ya que él sí la escuchaba, y la comprendía, Manuel por su lado también fue tomando más confianza, así que fue normal cuando la abrazó y la besó cálidamente, eso llevó a caricias más precoces y de ahí a su primera relación ilícita.

Ahora habían cumplido 3 meses de haber tenido la primer relación, Sofía, no había cometido adulterio antes en su vida. No así Manuel, que ya había tenido problemas de esa índole, y siempre pedía perdón, trataba de no hacerlo pero volvía a cometer la falta, él mismo no sabía que ya era un adicto sexual. La justificación fue el primer mecanismo de defensa que empezaron a utilizar, la racionalización fue el segundo mecanismo y el cinismo fue el complemento de su defensa.

Cuando estaban juntos no pensaban en nada más que complacerse el uno al otro, se tocaban, se abrazaban y se entregaban con mucha pasión y entusiasmo, pero al terminar y despedirse cada uno por su lado se decía: "esto no es correcto, ya no debo hacerlo, ¿pero por qué lo hice?" la conciencia comenzaba a acusarlos, pero para cada acusación tenían una justificación que terminaba acallando su conciencia. Sofía se repetía a sí misma: "mi esposo no me atiende, y además es la primera vez que yo lo hago, no creo que sea tan malo después de todo", y por su lado Manuel argumentaba para justificarse: "todos lo hacen, y si alguien no lo ha hecho es porque no ha tenido la oportunidad".

Manuel llegó a su casa y María su esposa amorosamente le pregunta: ¿Te caliento la cena? ¿cómo te fue? ¿pudiste solucionar el problema de tu cliente? Él contestó rápidamente: "Sí lo pude solucionar en parte, mañana tendré que quedarme otra vez, y no me des de cenar, ya comí algo en el camino, vamos a dormir que vengo cansado".

Se acostaron y María pensaba para sus adentros: "Pobre de Manuel, trabaja tanto para que no nos falte nada, realmente tengo un excelente esposo" mientras que Manuel por su parte cavilaba: "María no se merece esto, ella es una buena mujer, comprensiva, siempre atenta... pero bueno, Sofía también necesita un poco de comprensión y cariño, además ojos que no ven corazón que no siente".

Al otro día Manuel salió muy temprano hacia la oficina y sus hijos no se habían despertado, y como iba a llegar tarde, sus hijos tampoco lo iban a ver durante ese día, ya eran dos semanas que cuando Manuel salía al trabajo sus hijos no se habían levantado y al llegar, ellos ya se habían dormido. Manuelito de 10 años le preguntó a su mamá: "Mami, ¿por qué ahora ya no nos cuenta mi papi los cuentos que nos contaba antes por la noche?". María respondía: "Tu Papi, ha tenido mucho trabajo, pero no te sientas triste hijo, él me ha dicho que les ama mucho y que les extraña, y no te olvides que el otro fin de semana tenemos un día de campo con él, y estaremos todo el día juntos" "Gracias mami, y dile a mi papi que lo quiero mucho", "él ya lo sabe, le respondió María, pero se lo voy a decir".

Llegó el viernes, Manuelito estaba muy emocionado porque al otro día, sábado iban a salir de día de campo con su papá. María estaba preocupada porque Manuel le había hablado hace dos horas que le alistara la maleta con su ropa, ya que ese fin de semana él tenía que estar en Miami para un ciclo de conferencias, solamente iba a pasar por la maleta y si iba directo para el aeropuerto, ya que la empresa lo estaba enviando y sus boletos ya estaban listos; cómo hacer morir la ilusión de Manuelito, ya que durante 3 semanas había estado esperando este día con mucha emoción.

Eran las 5 de la tarde y Manuel llegó corriendo a su casa, recogió su equipaje, le dio un beso apresurado en la mejilla a María y se fue. Llegó al aeropuerto y exáctamente, Sofía lo estaba esperando. Ella iba a hacer una demostración de los productos de su empresa en Miami, el sábado por la mañana y se habían dispuesto a disfrutar ese fin de semana con un amor prohibido y que ya estaba comenzando a hacer daño en la familia de Manuel.

Manuelito le pregunta a su Mamá: ¿A dónde va mi papá tan rápido? María tragó saliva, y comenzó a decir: "Hijo, tu Papi, este... bueno tuvo un viaje de negocios que no pudo cancelar". Manuelito prorrumpió en llanto, y dijo: Mi papá no me quiere... y salió corriendo hacia su habitación... María le siguió, y le volvió a explicar, y le dijo: "Tu Papi si los quiere y mucho, pero fue un viaje que no pudo cancelar", trato de abrazarlo pero Manuelito, no quería eso, él solamente pensaba que su Papá no lo quería, y que por eso se había ido a ese viaje.

En Miami; Sofía y Manuel estaban divirtiéndose, paseando y manifestándose el cariño que decían tenerse el uno al otro, el sábado después de la exposición de los productos de Sofía, se fueron a comer, hicieron un recorrido por el malecón, y al regresar a la habitación del hotel, Sofía le dice a Manuel: "¿Sabes? hace mucho tiempo que no me sentía tan feliz como estos últimos tres meses, han sido maravillosos, me doy cuenta de que realmente eres un hombre muy comprensivo y amante, me has hecho muy feliz"; y acto seguido le estampó un beso prolongado y profundo. Él le contesto, "yo también he sido muy feliz".

Ella se sentó a su lado, y le dijo a boca de jarro: "quiero decirte que he pensado en pedirle el divorcio a Andrés, y quiero que tú y yo vivamos juntos". Manuel se puso en pie automáticamente, un poco nervioso y sobresaltado le respondió: ¿No crees que es un poco precipitado, pensar eso en este momento? A lo que ella le dijo: "Yo creo que para el amor no hay tiempo, y hay que darle prisa, cuando nuestro amor es mutuo". Él se quedó muy pensativo y en silencio, pareciera como que las cosas se habían salido de su control, y estaban llegando muy lejos, o al menos más lejos de lo que él se había imaginado.

Como todo lo que comienza tiene un final, llegó el domingo, era hora de regresar a casa, de enfrentar la realidad, bajarse de la nube que había comenzado a salirse de su control.

Cuando llegó al aeropuerto recogió su auto, y se enfiló hacia su casa, abrió la puerta y su hija Adrianita corrió a abrazarle, su esposa estaba en la sala, meditabunda y preocupada, ya que Manuelito, no había querido desayunar y no quería salir de su cuarto. Manuel le preguntó: ¿Qué está pasando? María le relató lo sucedido desde el viernes que su hijo le vio partir sin siquiera despedirse del él. Manuel solamente le contestó: "Ya se le pasará, me voy a bañar y a descansar, ya que el viaje y las conferencias fueron agotadoras".

El hombre más sabio que ha existido sobre la tierra declaró: *"El que comete adulterio es falto de entendimiento; corrompe su alma el que tal hace"* (Prov. 6:32).

El alma de Manuel, se había comenzado a corromper, ya que ahora no le preocupaba mucho la actitud de su hijo, ni siquiera se justificó o se arrepintió, al saber que la causa de la actitud de su hijo era él, la conciencia se había comenzado a cauterizar, y su voz ahora ya se había acallado, por las justificaciones y racionalizaciones que se le habían dado con anterioridad.

Sofía llegó a su casa, y para sorpresa de ella, Andrés estaba en casa, y le dijo: "Querida, ¿cómo te fue en tu viaje?" Ella le respondió: "Bien, y qué milagro que estás en casa, yo te hacía todavía en Europa en tu viaje de negocios" "Ayer terminé con los negocios en Francia, y adelanté mi regreso, ya que necesito, que hablemos sobre algo que hace unos meses te quiero decir"–respondió él- "¡Qué bueno! ya que yo también quiero pedirte algo, después de que me digas cuál es el asunto que quieres tratar conmigo".

Andrés se acercó a la cantina, y sirviéndose una copa, le pregunta: ¿Quieres que te sirva algo querida? Un Whisky está bien para mí, gracias. Sirvió las copas y se sentaron en los sofás de la sala. La casa estaba vacía, la servidumbre, el chofer, y la cocinera que eran esposos estaban en su día libre, y el ama de llaves en su habitación, los hijos de ellos (Andrés y Sofía Cristina) estaban en sus vacaciones de verano con sus abuelos en Cozumel.

"Bueno ¿qué es lo que me querías decir?", le dijo ella. Él se aclaró la voz, y comenzó a hablar: "¿Sabes?, no sé cómo decírtelo, pero sé que tengo que hablar contigo, ya que esta situación no puede continuar así"- "A qué situación te refieres", le interrogó ella- Bueno, ¿te acuerdas de Shirley?- Sí, le dijo ella, es tu asistente desde el año pasado- Es cierto, le respondió él- No sé cómo se fue dando pero nos hemos enamorado y hace 8 meses mantenemos una relación, que ahora queremos formalizar- "A qué te refieres cuando dices formalizar" –le objetó ella- "Bueno..., lo que realmente quiero es que me des el divorcio". Sofía se levantó airada, y le respondió: "ahora entiendo porqué, ya ni siquiera me tocabas, porqué tantas reuniones, tantas salidas de negocios y tantas excusas para no llegar a casa, pero qué bueno que estamos hablando, porque yo también quiero decirte, que también estoy viendo a alguien desde hace casi cuatro meses, y voy a comenzar a vivir con él".

Ya que hemos llegado a la misma conclusión, creo que ahora sólo resta que nuestros abogados se pongan de acuerdo, no quiero que te preocupes, la empresa que estás dirigiendo será tuya, la casa y los hijos se quedarán contigo y yo me los llevaré el fin de semana, le respondió Andrés, se dio la media vuelta y salió de la casa.

Sofía se sentó, como desmayada, aliviada y a la vez preocupada, lo que ella anhelaba –su separación- se había dado, pero ahora no sentía la paz que ella pensaba que iba a tener después de hablar con Andrés; por el contrario sentía una gran congoja y angustia, porque no sabía cuál sería su futuro, no había aclarado todavía nada con Manuel, ya que en ese momento recordó, que al final él ya no le contestó nada, solamente se quedó en silencio, en ese momento no le preocupó, pero ahora le angustiaba. Y sus hijos, ¿cómo iban a reaccionar? ¿les afectaría? Bueno ya veremos qué se arregla cuando regresen de su viaje con sus abuelos, se dijo para sí misma.

Eran las 7.00 de la mañana y el celular de Andrés comenzó a timbrar, era Sofía, y un poco apresurada, le decía-"me urge hablar contigo", Qué pasa –le respondió Manuel- "me urge hablar contigo" volvió a decir ella, y se escuchó un breve sollozo. No te preocupes, le dijo él, veámonos en una hora en el Restaurante de siempre.

Ya eran las 8:15, y Manuel no llegaba, Sofía estaba

muy angustiada, y miraba constantemente su reloj, Manuel llegó apresurado y le dijo- qué sucede, perdona la tardanza, me llamó mi jefe para que le entregara un reporte de uno de los clientes y a las 9:00 tengo una sesión de trabajo- "Ayer hablé con Andrés, y el muy canalla me confesó, que mantiene una relación con su asistente y que él también quiere el divorcio, ¿puedes imaginarte cómo me siento?"- Manuel la abrazó, y le dijo: te entiendo, no te preocupes todo se va a arreglar- ¿Te vas a ir a vivir conmigo?-le preguntó ella. ¿Cómo dices? Le dijo Manuel, yo no puedo por el momento hacer lo que me estás pidiendo, es un paso que en este momento no puedo dar.

"Pero tú y yo hemos sido muy felices", le dijo Sofía, "Sí, pero no he pensado todavía en separarme de María y en dejar a mis hijos. Mira, ¿por qué no dejamos que las cosas se enfríen, y después hablamos?". ¿Cómo? -le dijo ella- ¿También tu me abandonas ahora?- "No te estoy abandonando, solamente te pido un tiempo, para aclarar mis pensamientos y tomar las decisiones más correctas"- Qué más tienes que pensar –le dijo ella- ¿acaso no me amas? "Sí te amo, tranquilízate y hablemos mañana. ¿De acuerdo?" –Bueno, está bien- te llamo mañana- le dijo ella. "No, respondió Manuel, es mejor que esperes mi llamada.

Pasó la junta y Manuel no estaba ahí mental, ni emocionalmente, sólo su cuerpo estaba en la reunión, y su jefe le preguntó: "¿Qué te pasa Manuel, tienes algún problema?" "No, no todo está bien" respondió Manuel. Está bien- le dijo su jefe- pero es necesario que te concentres un poco en las decisiones que estamos tomando.

    La reunión terminó, y Manuel se encerró en su oficina, y le dijo a su secretaria: -por favor que nadie me moleste y no me pases ninguna llamada-.

Capítulo 2
Pero ¿Cuándo comenzó todo?

Manuel encerrado en su oficina, sin nadie que le interrumpiera, ya que había dado la orden a Sarita su secretaria que no le pasara ninguna llamada y que en ese momento no estaba para nadie.

No sabía cómo solucionar la situación por la que estaba atravesando, ya que él no estaba listo, y en ningún momento había pensado en dejar a María y a sus hijos para irse a vivir con Sofía como ella le había propuesto, en medio de ese gran silencio y de esa abrumadora soledad comenzó a recapitular un poco sobre su vida, y se remontó muchos años atrás cuando aún era un niño.

¿En dónde había perdido sus valores? ¿Dónde estaban sus principios como hijo, como hombre, como cristiano y como ser humano? Ahora se encontraba en medio de una encrucijada que no lo dejaba pensar con cordura. Todos sus pensamientos eran un nudo, una maraña sin sentido, un abismo sin fondo, una calle sin salida.

Manuel, era el hijo mayor de una familia de siete, inició en la escuela primaria a una edad muy prematura, fue a cumplir sus primeros 4 años en el primer grado, creció en medio de niños más grandes de edad, y de una madurez mayor que la suya. Él era tímido por naturaleza, esa timidez le hacia que no pudiera pedir permiso para ir al baño, y siempre llegaba mojado a la casa. Su padre Antonio tenía puestas las esperanzas e ilusiones en él, por lo que Antonio le dedicaba bastante tiempo para enseñarle a leer y a escribir, de tal manera que a los 4 meses de clases era uno de los alumnos más adelantados de su clase.

Pero en medio de sus logros académicos, vivía una doble identidad, ya que sus temores venían del seno familiar, sus padres discutían demasiado, de tal manera que en muchas ocasiones su padre había golpeado a su madre, por el abuso del alcohol y de los celos que continuamente salían a colación en medio de cada discusión, esos temores le siguieron por varios años durante su vida, muchas veces en medio de esas discusiones a él y a sus hermanos su padre los golpeaba y los pateaba. Todo era normal hasta el momento en que su padre llegaba borracho a su casa, la paz y la armonía se iban, llegaba el temor, la angustia, el sufrimiento y la soledad que lo embargaba.

Por otro lado en medio de su desesperación su madre engañaba a su padre con un compañero del trabajo de él, y en ese tiempo que todo esto pasaba él en medio de la oscuridad de la noche, le fue robada su inocencia de mente y de corazón, ya que en varias ocasiones había escuchado cuando el amante de su madre llegaba a la casa y tenían relaciones en la misma alcoba matrimonial de su padre, eso lo guardó en lo más profundo de su subconsciente ya que nunca lo externó a nadie, y mucho menos podría reclamarle a su madre o contárselo a su padre.

Además, cuando su padre llegaba alcoholizado, muchas veces obligaba a su madre a tener relaciones sexuales, lo que constituía casi una violación. En ese momento nada de eso tenía sentido en la vida de Manuel, y él por el sistema y la enseñanza no tenía la autoridad moral para juzgar o condenar, ni mucho menos reclamar a sus padres.

Cuando estudiaba el cuarto grado de primaria se ganó el primer lugar de su grupo, en lo físico el era enclenque, delgado y bajito, así es que sublimando todas sus secuelas y sus defectos se encerró en los estudios tratando de obtener algo gratificante para su vida, en el sexto año obtuvo el primer lugar a nivel estatal y estuvo como huésped distinguido en la casa del secretario de gobernación.

Sus amigos le enseñaron a jugar fútbol, su primo le enseñó a jugar béisbol, y con sus compañeros aprendió a manejar bicicleta, con "el popeye", "el chico", "la coqueta" y "el rogis", aprendió a nadar cuando en lugar de ir a la escuela se iba con ellos a nadar. En ese tiempo todo parecía normal, pero ahora que lo piensa, jamás pudo superar todos estos conflictos, con nadie expuso sus miedos y nadie le ayudó a cambiar sus patrones de conducta, ya que desde ese tiempo el comenzó a tener varias personalidades, una frente a sus padres y los adultos, otra frente a sus amigos, otra frente a sus compañeros de escuela y una muy diferente cuando estaba a solas consigo mismo.

Realmente nadie lo conocía verdaderamente, ni sus hermanos sabían exactamente lo que él hacía y mucho menos lo que pensaba. Fue en medio de ese tiempo de gran confusión que se comenzó a relacionar con su tío Armando, el cual al no tener una figura paterna, se dedicaba a robar, y Manuel que manejaba para ese tiempo a pesar de sus pocos 12 años, múltiples personalidades y una moral ambivalente se dejó llevar por él y a envolverse en robos, hasta que como consecuencia de sus actos su tío fue encarcelado y Manuel volvió a quedar solo, a pesar de vivir con una familia numerosa.

Su madre siendo muy joven al casarse, no se relacionaba mucho con sus hijos, al menos no con los mayores, así es que a estas alturas Manuel no recordaba un beso de su madre, un abrazo con ternura de parte de ella; y por otro lado su padre era poco expresivo aunque un poco más que su madre.

Terminó la secundaria y entró a estudiar el bachillerato, allí ya con más rienda suelta y sin un mapa de alta moral que lo guiara, se dejó arrastrar por los momentos de placer y de vicio, comenzando a fumar todos los días una cajetilla diaria, y a emborracharse todos los fines de semana, y ahora sus amigos comenzaban a mostrarle revistas pornográficas, y en algunas ocasiones sus amigos lo cubrían para entrar en los cines de adultos a ver películas XXX. A veces en medio de todas estas situaciones recordaba algunas de las palabras que su padre le dijera en varias ocasiones: "Nunca vayas a tomar este vicio desgraciado", refiriéndose al licor.

Y en la única ocasión en que le dio una clase sobre sexualidad, le dijo: "Nunca vayas a ir con una prostituta, ya que el hombre que le paga a una mujer, no es hombre". Y eso realmente lo marco en su vida sexual, así es que llego a la edad de 14 años, sin siquiera haber besado a una mujer, sólo fantaseaba y en ocasiones se masturbaba pensando en alguna de las mujeres de las revistas o películas que había visto con sus amigos.

A esa edad se consideraba feo, y creía que ninguna mujer le podría hacer caso, inclusive tenía problemas con respecto a su sexualidad y se preguntaba, si acaso el sería un joven normal, ya que a esas alturas todos sus amigos habían tenido novia, pero él no, ¿seria "raro" o "maricón"? como se oía mencionar mucho en ese tiempo.

Como él ya había estado en esta situación en otras ocasiones anteriormente, había tratado de liberarse del problema de la infidelidad, ya que sabía que tarde o temprano este flagelo le iba a cobrar con creces y con grandes intereses a él, a su esposa e hijos principalmente, recordó que entre sus archivos había guardado un escrito que hablaba sobre los motivos de la infidelidad, y él necesitaba leerlo, para justificarse, para liberarse o por lo menos para acallar un poco su conciencia al saber que hay causas justificadas que lo llevaron a cometer adulterio. El escrito decía:

La infidelidad y sus motivos:

Las 9 razones más comunes por las que "ponemos los cuernos" son el resultado de la búsqueda de la satisfacción de necesidades que no encontramos en nuestra pareja.

Una de las peores traiciones hacia nuestra pareja o por parte de ella es la infidelidad. Generalmente pensamos que la persona infiel es la única culpable, sin embargo la infidelidad es el resultado de la crisis de una pareja, pues quien es infiel lo hace porque busca en otra persona cuestiones sexuales, emocionales o intelectuales que su pareja no le da.

La infidelidad no sucede espontáneamente, siempre hay motivos que la provocan. La lista de razones es interminable, pero los sexólogos especialistas en terapia de pareja coinciden en que en todas se intenta satisfacer las carencias del matrimonio:

Las 9 razones más comunes

1. Nos sentimos devaluados. Terminado el enamoramiento, enfrentamos a la pareja real y olvidamos a la idealizada, y sus conductas no siempre placenteras en la convivencia defraudan nuestras expectativas. Si la pareja nos abandona al centrarse sólo en objetivos personales y no en los de ambos, y al mismo tiempo nos relacionamos con una persona distinta que nos hace sentir más valorados, la elegimos inconcientemente como nueva compañera. Principalmente para las mujeres, es muy importante sentirse bellas y deseadas por su hombre. Si no se cumple ese objetivo, se siente gran frustración y devalúa su autoestima. Entonces una nueva forma de sentirse atractivo(a) y deseado(a), es cortejando o siendo cortejadas en una relación extramarital.

2. La monotonía. Cuando nuestra pareja descuida el tiempo en común por sus actividades personales y deja de tener detalles cariñosos con nosotros, sentimos que el amor se acabó, se produce un distanciamiento y nos empezamos a sentir encadenados a pasar el resto de nuestros días en una relación que ha perdido su encanto. Un matrimonio sumido en la rutina y en el aburrimiento se puede venir abajo a causa de un encuentro con un intruso que llegue y nos aborde con el misterio, encanto y riesgo de los que carece nuestra relación.

3. Una vida sexual deficiente. El sexo es un elemento esencial en la pareja y si este es defectuoso, quien se siente insatisfecho tiende a buscar fuera de la relación la satisfacción sexual que no encuentra en su pareja, en la cama no encontramos nada excitante, y entonces nos vengamos teniendo relaciones sexuales con otra persona, porque estamos enojados con nuestra pareja que no quiere hacer el amor o que no quiere llevar acabo nuestras fantasías sexuales.

4. Dependencia emocional de los padres. Si nuestra pareja no es emocionalmente independientemente de sus padres y no establece límites respecto a ellos, esta conducta infantil nos hace sentir sin apoyo, y nuestra necesidad insatisfecha de ser escuchados y atendidos nos impulsa a buscar una relación extramarital.

5. Buscamos nuevas sensaciones. Si se acaba la seducción del enamoramiento y se vive en el hastío de una relación, hay quiénes necesitan seguir satisfaciendo su necesidad de seguir enamorados. La curiosidad de experimentar el sexo con otras personas y de vivir la aventura es un fuerte motor para buscar un affair.

6. Idealizamos a la pareja. Para continuar idealizando a nuestra pareja, muchas veces elegimos como amante a una persona totalmente opuesta. Hay quienes llevan acabo todas sus fantasías sexuales con su amante y no con la pareja para sentir que la siguen manteniendo en el concepto de "decente".

7. La pareja lo permite. Se dan casos en que la pareja está de acuerdo en que tengamos relaciones extramaritales, porque es conciente de que necesitamos satisfacer las deficiencias que existen en nuestra propia relación.

8. Sentimos amenazada nuestra libertad. Cuando la pareja es asfixiante o nos da pavor perder nuestra independencia y quedar atrapados en una relación, intentamos sentirnos libres cometiendo actos de infidelidad.

9. Alarde de poder. Por haber obtenido poder, dinero y una posición social, hay quienes sienten que se han ganado el derecho a tener un mayor potencial sexual con el sexo opuesto.

La infidelidad es un síntoma de la serie de crisis por las que atravesamos como pareja. Si buscamos en el fondo, descubriremos que somos infieles cuando no encontramos en nuestra pareja lo que buscamos y nuestra relación no satisface completamente nuestras necesidades. Sin embargo, superar la crisis dependerá de la forma en que podamos comunicarnos como pareja.

Terminó de leer el articulo que ya se veía viejo y ajado por el paso del tiempo sobre él, pero no le quitó la congoja, ni la angustia que estaba experimentando en lo más profundo de su corazón. Algo muy dentro de él, le decía que él no tenia ningún justificante, que había cometido adulterio porque él lo había determinado, él lo decidió, y por lo tanto, él era el único responsable, y como tal tenía que asumir las consecuencias de sus actos.

Capítulo 3
El Adulterio

En medio de todos estos pensamientos y de recuerdos que le atormentaban tomó el diccionario y decidió buscar la palabra Adulterio, y en el Diccionario de la Real Academia encontró esta definición: "Ayuntamiento carnal voluntario entre una persona casada y otra de distinto sexo que no sea su conyugue". Después buscó la palabra infidelidad, para ver si esto le daba alguna luz para resolver sus conflictos que atormentaban su alma. Y encontró que la infidelidad, se produce cuando una pareja rompe el compromiso de lealtad sentimental contraído. Es una traición a una promesa hecha por la pareja, una promesa de exclusividad, de amor y de entrega a una sola persona hasta que la muerte los separe. La infidelidad trae consigo un gran dolor, pérdida de confianza en la pareja, pérdida de autoestima, humillación, impotencia y rencor.

Cuando se produce la infidelidad, pensamos que es por un motivo importante, una situación insostenible dentro de la pareja o por un grande y nuevo amor. Sin embargo, la mayoría de las veces es por situaciones más banales.

La infidelidad no es cosa de pareja sino de uno mismo, se produce por una falta de autocontrol y por no saber evitar a tiempo situaciones comprometidas Y esto atormentó más a Manuel, ya que sabía que él no tenía justificación alguna, su lealtad había sido carcomida, su fidelidad estaba pisoteada y sus valores estaban hechos una porquería.

Porque esta no era la primera vez que pasaba en la vida de Manuel, esto ya era una costumbre en su vida, era algo rutinario, lo único que pasaba es que pensaba que en esta ocasión no saldría a la luz, que nadie podría darse cuenta, ya que era una persona de prestigio, muy reconocida y de mucha influencia dentro de su comunidad, además pensó que esta vez había sido diferente ya que aunque no había sido descubierto, ya había buscado ayuda con un consejero matrimonial, inclusive le había comentado a María que tenía un problema difícil de resolver y que buscaría ayuda profesional con Mario, pero María pensaba que eran situaciones referentes a su trabajo, ya que él era el asesor psicológico de la organización en la que Manuel laboraba.

El adulterio siempre es un proceso, no sucede de la noche a la mañana, y sin importar las excusas que podamos argumentar para justificarlo, sabemos en lo profundo de nuestro ser que cada uno es arquitecto de su propio destino y que cada uno toma sus propias decisiones.

Manuel comenzó un proceso de racionalización y de justificación ante los hechos que estaba enfrentando. Si mi padre me hubiera enseñado, si mi madre hubiera sido más cariñosa conmigo, creo que esta ocasión no fue tan malo ya que sólo fue por breve tiempo y ya no fue como en las ocasiones anteriores en donde cohabité con varias mujeres. Todos estos argumentos rondaban en su mente, pero su corazón le recriminaba ya que él sabía, que cada ser humano decide cómo responder ante las circunstancias de la vida y ante los dilemas y problemas que ella le presenta, además sabía que él había cedido a sus bajas pasiones y que ahora tendría que enfrentar las consecuencias de sus propios actos.

Porque toda acción conlleva una reacción, y cada siembra genera una cosecha; y el fruto de sus bajas pasiones, de la corrupción de su corazón y de su falta de ética y de moral ahora le estaban cobrando una factura muy alta, y que él no estaba dispuesto a pagar, pero habría que enfrentarla y solucionarla, ya que las circunstancias se habían salido de su control.

La confrontación con los hechos

Manuel salió rápidamente de su oficina, el tiempo se había ido sin sentir en medio de la más atroz de las congojas del alma y del espíritu, no tenía paz, pero Sarita su secretaria le había recordado que tenía una cita con el Psicólogo Mario, no recuerda cómo llegó al consultorio de la clínica familiar, y entrando apresuradamente se presentó ante la recepcionista y ella le dijo, el doctor lo está esperando puede pasar.

Lo primero que le dijo el consejero a Manuel fue, que necesitaban hablar muy claro, y que para eso él tenía que ser sincero con él, y abrirse de capa totalmente si quería llegar al meollo del asunto, para darle una solución apropiada, y antes de que Manuel comenzara con su relato, Mario su asesor matrimonial le refirió la siguiente anécdota:

Hablemos Claro

Una mujer de mediana edad, y muy modesta estaba planeando pasar sus vacaciones de verano con su marido en un campamento en el sur. Como no quería imprevistos, escribió una carta al administrador del campamento para preguntarle acerca del equipamiento de los baños. Cuando escribió la palabra "baños" en la carta, le pareció demasiada explicita para su sentido del decoro. Entonces cambio la palabra "baños" por la expresión "instalaciones higiénicas". Como todavía le parecía demasiado explícito, decidió usar una abreviatura, y se limito a escribir "IH". Entonces preguntó: "¿Hay IH en el campamento?".

Cuando el administrador leyó la pregunta, no tenía idea qué es lo que quería saber la mujer. Se lo mostró a otras personas, y tampoco pudieron descifrar la abreviatura. Finalmente, decidió que la mujer posiblemente deseaba saber si había una Iglesia de los Hermanos en el campamento. Con esto en mente, el administrador del campamento le contestó:

Estimada Señora:

Lamento mucho la demora en contestar su carta, pero ahora tengo el placer de informarle que sí hay IH a unos 20 kilómetros al norte del campamento, con asientos para doscientas cincuenta personas. Reconozco que es una distancia considerable, si acostumbra asistir regularmente, pero sin duda le interesara saber que muchas personas que se trasladan a esa distancia, llevan su almuerzo, y pasan ahí todo el día, suelen llegar temprano y quedarse hasta tarde. La última vez que fui fue con mi esposa, hace seis años. Había tanta gente que tuvimos que quedarnos todo el tiempo de pie. Debo decirle que lamento no ir más seguido. Si no voy no es porque no lo deseo sino porqué, al envejecer, el esfuerzo es cada vez mayor. Si decide venir a nuestro campamento, tal vez pueda acompañarla la primera vez. Con gusto me sentaré a su lado y la presentaré a todos los demás. Queremos que sepa que este campamento es muy acogedor.

Atentamente; La Administración.

Manuel un pudo reprimir la risa que le produjo el relato, pero al ver la seriedad de su interlocutor se contuvo, entonces Mario le dijo, es cierto que parece cosa de risa, y muchas veces así son las cosas que hacemos, pensamos que es algo simple, que no tendrá consecuencias, y además que nadie se va a dar cuenta de lo que hacemos, pero todo lo que hagamos tendrá su cuenta que saldar. Y recuerda que el propósito de este relato es que tú te abras de par en par para que ahora ya no ocultes nada de lo que ha estado en tu corazón desde que comenzaste a formar tu Código de Honor.

Para Manuel era la primera vez que escuchaba esa frase: código de honor, y como si Mario pudiera leer sus pensamientos le comenzó a decir. El código de honor son los valores y los principios que rigen tu vida, y no tienen que ver con las circunstancias, con los problemas, ni con los estados de ánimo en que te encuentres, son normas que no están escritas en ningún lugar visible o palpable pero que rigen tu vida en todo momento. Sobre todo tu código de honor rige tu vida en la intimidad, cuando estas a solas, cuando nadie te ve, ya que es entonces cuando te muestras realmente tal cual eres. Cuando no tienes que aparentar por los patrones sociales o familiares, sino cuando crees que estas solo y que nadie te ve, es entonces cuando realmente actúa sobre tu vida tu código de honor que fue formado por valores y principios inalterables.

Capítulo 4
Haciendo un poco de historia

Manuel en medio de sus temores, de sus demonios, de sus luchas y de sus pecados, había logrado terminar el bachillerato y ahora estudiaba en la Universidad, fue en ese tiempo cuando obtuvo una beca para ir a Francia para estudiar Medicina Nuclear, pero al mismo tiempo se incorporó al liderazgo de una iglesia pequeña en su ciudad, impulsado por su nueva vocación y llamamiento rechazó la beca y se fue a estudiar teología.

Para ese tiempo ya tenía novia, ya no se sentía feo, y sabía que había muchas cosas buenas en él, se consideraba normal y afortunado, ya que como no había tenido nunca antes novia, en sus oraciones a Dios pedía que la que fuera su novia, tampoco hubiera tenido novio, para que así aprendieran juntos el camino del amor, y así le había contestado Dios, María la que ahora era su esposa, jamás había tenido novio, su noviazgo era sincero, puro, romántico y lleno de ilusiones, de planes, de sueños.

Manuel había hecho una lista de la mujer que él consideraba la mujer ideal, y hasta ahora todo había caminado viento en popa, su lista estaba completa y María realmente cumplía todos los requisitos de esa lista.

La Mujer Ideal para Manuel
1.- Que amara a Dios sobre todas las cosas.
2.- Que fuera sencilla y modesta en su forma de ser y de vivir.
3.- Que fuera bella y hermosa.
4.- Que nunca hubiera tenido novio.
5.- Que sus padres (de ambos) estuvieran de acuerdo.
6.- Que tuviera una cabellera larga y abundante.
7.- Que fuera una líder nata.
8.- Que estuviera dispuesta a caminar cada milla con él.
9.- Que le gustaran los niños.
10.- Que siempre estuvieran juntos en las buenas y en las malas.

Se despidieron en la terminal, llenos de ilusiones, de promesas, y de Esperanzas, Manuel iba hacia su nuevo destino y María se quedaba esperándolo.

Fue en medio de ese proceso en que Manuel perdió sus nuevos valores que poco antes había adquirido, fue ahí donde entregó su intimidad a alguien que no iba a estar con él para siempre, ahí comenzó su derrota, ya que él mismo se derrotó, al no anteponer su nuevo código de honor; ante las ofertas de la carne y dio rienda suelta a sus pasiones.

Una vez que la serpiente del libertinaje sexual invade

tu vida, es difícil pararla a menos que tú estés dispuesto, y definimos como libertinaje sexual a toda relación sexual fuera del matrimonio, en cualquiera de sus formas, ya que el sexo es un regalo divino para ser disfrutado plenamente dentro del matrimonio. Manuel no supo, ni pudo parar a esta serpiente que comenzó a marcar su vida y a carcomerle por dentro.

Hasta que no pudo más y a la única que se lo confeso fue a su amada María, se abrazaron, lloraron, después oraron a Dios, y María le perdonó totalmente, así que después de 3 años de espera, Manuel se graduó, y diez meses después se casaron, y al estar embarazada María de Manuelito, ella se entera de que Manuel estaba esperando otro hijo con otra mujer, la alegría de esperar un hijo fruto de su amor, ahora se tornó en angustia, en aflicción y en congoja, hubieron muchos reclamos, mucho dolor, pero no se solucionó el problema; sólo se maquilló.

Manuel pensó que todo estaba solucionado, pero en lo interno de su corazón, comenzó de nuevo a vivir una dualidad, sabía con certeza de que no debería volver a cometer adulterio, pero por otro lado se justificaba argumentando consigo mismo que eso era algo normal, y que todos lo hacían, que lo único que debería hacer es tener mas cuidado con sus deslices.

Así comenzó a vivir una doble vida, una vida secreta llena de perversión, de malicia, de cautividad, era algo que tomó control sobre su vida, sus emociones, sus sentimientos y sus finanzas, internamente ya no le importaba nada, sólo su propia satisfacción sexual, y por otro lado era la apariencia de piedad, de integridad, de un excelente esposo y padre, pero con una podredumbre interna que lo consumía día con día.

Llegó el momento que ya no podía más con esa carga y trató de buscar ayuda, pero no la encontró, o tal vez no la buscó con insistencia.

Una vez más la vida le estaba pasando su factura, por todo lo que él había sembrado. Fue acusado ante sus autoridades y expuesto públicamente, cargando el vituperio de su propio pecado y las consecuencias de su propia maldad.

Lo que nunca se puso a pensar que en medio de este torbellino estaba arrastrando a sus hijos, a su esposa, a sus amigos, a sus discípulos, a sus líderes, a su organización, y por que no decirlo; una vez más el nombre de Cristo estaba siendo arrastrado por los suelos.

María había perdonado también en esta ocasión, pero ¿lo haría de nuevo? una vez más volver a bregar con un problema no resuelto, con una aflicción de la cual ella no era responsable, y sus hijos ¿Qué culpa tenían?

En 1850, Nataniel Hawsthorne publicó La Letra Escarlata, una novela potente que se centraba en la relación adúltera de Hester Prynne y el tan respetado ministro, el Rev. Sr. Arturo Dimmesdale. El pastor caído, arrepentido, pero no preparado para sufrir las consecuencias, hace las siguientes preguntas: ¿Cómo puede un alma arruinada como la mía, efectuar la redención de otras almas? O ¿Cómo puede un alma contaminada purificar a otras?

Él describe la miseria de pararse en el púlpito, viendo la admiración de sus feligreses, y después tener que "examinarse internamente, y poder discernir la negra realidad de lo que idolatran.

Finalmente dice: yo me he reído, con la amargura y agonía de mi corazón, el contraste entre lo que parece que soy, y ¡lo que realmente soy! y ¡Satanás también se ríe!

¡Cómo describía a Manuel este libro! ya que aparte de ser asesor publicitario, también era parte del liderazgo de la iglesia y muchas veces predicaba, enseñaba y exhortaba a los feligreses. Y cuántas de las veces lloraba amargamente por la hipocresía de su vida.

Normalmente cuando se cae en adulterio, nunca se toma en cuenta el costo del mismo, el cual es muy elevado por el placer momentáneo recibido, hace algunos años comencé a personalizar una lista de todas las consecuencias específicas que pude pensar, que serían el resultado de mi inmoralidad.

La lista fue devastadora para mi, y me habló más poderosamente que cualquier sermón o artículo sobre la materia. Periódicamente y especialmente cuando viajo, o cuando estoy en momentos de tentación o de debilidad, leo esta lista.

Es una forma personal y tangible que me hace ver la ley inviolable de Dios entre la tentación y la consecuencia. Corta entre la niebla de mi racionalización y llena mi corazón con el saludable y motivador temor de Dios.

He encontrado que cuando no puedo pensar claramente, el repasar esta lista nos jala de regreso a la realidad y a la necesidad, tanto de Temer a Dios, como a las consecuencias del pecado.

A continuación me dijo Mario encontrarán una versión editada de esta lista. He incluido los verdaderos nombres de mi esposa e hijos para poner énfasis en la naturaleza personal de este ejercicio.

Te recomiendo que uses ésta, como la base de tu propia lista, agregando aquellas consecuencias que serán estrictamente tuyas.

La idea por supuesto, no es la de enfocarnos en el pecado, la falta o la ofensa, sino en las consecuencias de ella, para que nos animen a volver nuestro enfoque a Dios, a nuestros valores y a nuestros principios, y así cada uno tome los pasos de sabiduría y pureza necesarios para no caer en pecado, y si ya hemos caído para no volver a hacerlo.

Esta es la lista:

Advertencias Importantes

- Arrastrar por el lodo la reputación de Cristo.
- El tener que ver un día cara a cara al Señor Jesucristo y explicarle porqué lo hice, y saber que no voy a tener ninguna justificación.
- El indecible dolor que le causaría a Esperanza, mi mejor amiga y fiel esposa.
- La posibilidad de perder a mi esposa y a mis hijos para siempre.
- Lastimar y perder la credibilidad ante mis queridos hijos: Adita y Micky. (¿Por qué hacerle caso a un hombre que traicionó a mamá y a nosotros?)
- La vergüenza para mi familia (¿Por qué mi papa ya no predica en la Iglesia, y no enseña en los Institutos?) Además, de todos los comentarios crueles y mordaces de muchos cuando se enteren de lo que pasó.
- Vergüenza y dolor para mi Iglesia, amigos, hermanos en Cristo, Discípulos, estudiantes, (Especialmente aquellos que siempre me veían como un ejemplo digo de imitar) y mi organización ¿Cómo quedaría? (Haz una lista de las personas que afectarías directamente).
- Una pérdida irreparable de los años en que les he testificado a mis amigos y conocidos que todavía no conocen al Señor Jesucristo, como su Salvador personal. (Haz una lista de ellos).
- Darle un gran placer a Satanás, el enemigo de Dios.
- La gran posibilidad de contraer una enfermedad transmitida sexualmente (Gonorrea, Sífilis, Herpes o SIDA). Transmitirle esta enfermedad a Esperanza.
- La posibilidad de un embarazo no deseado y fuera del matrimonio, con todas las implicaciones financieras y personales, incluyendo el recordatorio por todo el resto de mi vida, de mi pecado, de mi afrenta a Dios y de mi falta de integridad, tanto para mí, como para mi familia.
- La pérdida de mi propio respeto, el descrédito de mi nombre, y el cargar con la vergüenza a lo largo de toda mi vida.

Manuel terminó de leer lo que era el costo de la infidelidad, y se dio cuenta que el costo es excesivo y que realmente lo gratificante del placer momentáneo del adulterio no compensa en nada el costo que se tiene que pagar. Las lágrimas corrían por sus mejillas, y decía para sus adentros: "si tan sólo me hubiera puesto a pensar en el costo, creo que jamás hubiera cometido este pecado, no hubiera vendido mis valores y principios, ni tampoco hubiera denigrado a mi Dios, a mi familia y a mi mismo"

Pareciera ser que todo estaba llegando tarde, las advertencias, las luces de peligro, los costos, ¿pero aún sería demasiado tarde?

Capítulo 5
El adulterio nunca viaja solo

Siempre que hay adulterio, esta acompañado de más de una perversión sexual, y puede ser la masturbación, la pornografía y ahora las ciber relaciones, las cuales pueden ser virtuales en su mayoría, pero reales muchas veces, le dijo Mario a Manuel.

Sobre masturbación se ha escrito mucho, y también sobre la pornografía, y creo que a estas alturas nadie es ignorante en estos temas. Así es que yo te voy a dar un articulo que escribí hace algún tiempo sobre el conflicto y las fantasías de las ciber relaciones, quiero que lo leas, y lo analices muy bien, ya que después de esta sesión vamos a ver las consecuencias primarias que produce el Adulterio, para así pasar a la solución del conflicto, cómo erradicar este flagelo o mejor aún prevenir el adulterio dentro de la familia, la iglesia y la sociedad.

Manuel deambuló por más de una hora con su

portafolio en donde guardó la copia del artículo que le dio Mario, después de casi 3 horas, se sentó en una silla de un parque, y aunque había niños jugando, perros ladrando, y carros pasando, él no tenia oídos para nada y sus ojos estaban fijos sobre el escrito de Mario:

Amoríos en línea

El atractivo de las ciberrelaciones

La Internet se está volviendo un caldo de cultivo para el adulterio, según varios expertos que trazan el patrón de las aventuras extramatrimoniales. Así que hablaremos del fenómeno de los amoríos en línea.

Peggy Vaughn es la autora de The Monogamy Myth (El mito de la monogamia), y trabaja también como experta de América Online en problemas causados por la infidelidad. Ella predice que "un papel de Internet en el futuro será como fuente de aventuras amorosas". Está escribiendo su segundo libro sobre el tema del adulterio, y dice que podría basar la mitad de su libro sólo en cartas que recibe de personas que iniciaron un amorío en línea.

Un amorío en línea (o ciberamorío) es una comunicación íntima o sexualmente explícita entre una persona casada y otra persona que no es su cónyuge, que tiene lugar en Internet. En general, esta comunicación tiene lugar a través de un servicio en línea, como América Online o Compuserve. Los participantes suelen concurrir a una sala de "chat" para comenzar una conversación grupal, y luego pasan a un modo de conversación uno a uno. Las categorías de las salas de chat van de "soltero y a gusto" a "casado y coqueteando" o "desnudo frente al teclado".

Las mujeres de una sala de chat suelen sorprenderse de lo que se desarrolla en un período relativamente corto de tiempo. Al principio, la conversación es estimulante, con cierto coqueteo. Sin embargo, las mujeres se ven confrontadas rápidamente con preguntas y comentarios cada vez más sexuales. Aún cuando los comentarios no se vuelvan personales, las mujeres pronto se encuentran compartiendo información íntima acerca de ellas y sus relaciones que nunca compartirían en persona con alguien.

Peggy Vaughn dice: "Madres de su casa en salas de chat están compartiendo todo este material personal que ocultan de sus parejas". Encuentra que la intensidad de las relaciones en línea de las mujeres puede "escalar rápidamente a pensar que han encontrado un alma gemela".

Los amoríos en línea difieren de los amoríos del mundo físico en algunas cosas, pero son similares en otras. Los ciberamoríos están basados en la comunicación escrita, donde una persona puede sentirse más libre para expresarse anónimamente que en persona. Frecuentemente, la comunicación se vuelve sexualmente gráfica y pervertida, de formas que tal vez no ocurriría si una persona real estuviera escuchando esos comentarios y pudiera actuar en consecuencia. Los participantes de un amorío en línea a menudo cuentan la historia de su vida y sus secretos más recónditos. También crean un nuevo personaje, se vuelven sexualmente aventureros y simulan ser diferentes de lo que son. La simulación es un tema importante en los ciberamoríos. Los hombres dicen ser profesionales (médicos, abogados) que hacen ejercicios diariamente en el gimnasio. Y todos dicen que si su esposa supliera sus necesidades no estarían de compras por sexo en Internet. Las mujeres dicen ser delgadas, atractivas sexualmente y aventureras.

El anonimato de Internet les permite divulgar (o aun crear) sus fantasías más alocadas. De hecho, la conversación franca y el flirteo dan grandes dividendos en la cantidad de hombres en una sala de chat que quieren hablar y encontrarse con ellas.

Así como Internet se ha convertido en una nueva fuente de pornografía para muchos, también parece haberse convertido en una nueva fuente de aventuras amorosas. Las relaciones en línea suelen cruzar el límite dejando una estela de dolor, congoja y también divorcio. Aún cuando estos amoríos en línea no involucren el sexo, pueden ser muy intensos y amenazar igualmente un matrimonio.

Estadísticas actuales sobre el adulterio

Antes de seguir adelante, déjeme actualizarte con algunas estadísticas referentes al adulterio. Las cifras y la multitud de estudios llegan a conclusiones similares.

Una conclusión es que el adulterio se está volviendo más frecuente, y los investigadores están encontrando que las mujeres tienen la misma probabilidad que los hombres de tener un amorío. Un estudio de 1983 encontró que el 29 por ciento de las personas casadas de menos de 25 años de edad había tenido una aventura amorosa, sin ninguna diferencia estadística entre la cantidad de hombres y mujeres que escogieron ser infieles a sus cónyuges cuando eran jóvenes. En comparación, sólo el 9 por ciento de los cónyuges en la década de 1950 debajo de 25 años había participado en sexo extramatrimonial. Otro estudio llegó a la conclusión de que a los 40 años de edad entre el 50 y el 55 por ciento de los esposos, y entre el 45 y el 55 por ciento de las esposas, participan en un amorío extramatrimonial.

Las aventuras amorosas suelen ser más que un evento de una sola vez. Un estudio de 1987 encuestó a 200 hombres y mujeres y encontró que sus amoríos duraban, en promedio, dos años. De hecho, los amoríos pasan por transiciones a lo largo del tiempo. Pueden comenzar como relaciones románticas, sexuales o emocionales, y pueden convertirse en amistades íntimas. Las aventuras amorosas que se transforman en amistades pueden durar décadas o toda la vida.

Los amoríos en línea difieren de otros amoríos en que pueden no involucrar un componente físico, pero el apego emocional sigue estando. Los amoríos en línea se desarrollan por la doble atracción de la atención y el anonimato.

Alguien que ha sido ignorado por un cónyuge (o al menos percibe que ha sido ignorado) de pronto se convierte en el centro de la atención en una sala de chat o en un intercambio de e-mails uno a uno. Una mujer lo encuentra emocionante, hasta intoxicante, que todos estos hombres quieran hablar con ella. Y están ansiosos de escuchar lo que ella dice y necesita.

El anonimato alimenta esta intoxicación, porque la persona en el otro extremo de este ciberamorío es desconocida. Él o ella puede ser tan hermoso/a e inteligente como usted pueda imaginarla en sus sueños. La fantasía es alimentada por la falta de información y el anonimato.

Nadie en ciberlandia tiene mal aliento, calvicie, "salvavidas" abdominales, o mal humor. El sexo es el mejor que puedas imaginar. Los hombres son cálidos, sensibles, amables y comunicativos. Las mujeres, osadas, sensuales y eróticas.

¿Es todo esto demasiado bueno para ser verdad? Por supuesto. Los ciberamoríos son sólo fantasía. En general, cuando se encuentran los ciberamantes, hay una gran decepción. Ninguna persona real puede competir con un amante de ensoñación. Ningún matrimonio puede competir con un ciberamorío. Pero, también, un amorío en línea no puede competir realmente con una verdadera relación que brinda amistad real e intimidad marital.

No obstante, los amoríos en línea son seductores. Un adicto a Internet pide a un cónyuge "un minuto más", así como un alcohólico justifica "un trago más". Los ciberamoríos brindan una oportunidad para convertirse en otra persona y "chatear" con vecinos distantes e invisibles en el limbo de la alta tecnología del ciberespacio. Se suplen necesidades sociales y emocionales, se permite y aun se alienta el flirteo, y una ilusión de intimidad alimenta la adicción que ha atrapado a tantos navegantes desprevenidos de la Internet.

Motivaciones para los amoríos.

Los amoríos suelen desarrollarse porque la relación suple varias necesidades sociales y psicológicas. Las necesidades de autoestima suelen estar en el primer lugar de la lista. Las necesidades de autoestima se suplen a través del conocimiento, la comprensión y la aceptación. Los psicólogos dicen que esas necesidades se potencian al hablar íntimamente sobre sentimientos, pensamientos y necesidades. Esto puede tener lugar en persona o a través de Internet.

Aún cuando los amoríos en línea pueden no involucrar un componente físico, el apego emocional puede ser igualmente fuerte y aun abrumador. Y, cuando terminan, este fuerte apego suele dejar a los participantes con un dolor emocional.

Las mujeres dicen sentirse emocionadas por el interés de su amante en ellas, físicamente, emocionalmente e intelectualmente. También están muy fascinadas por la oportunidad de conocer a un hombre distinto (en la forma de pensar y sentir). También se sienten en intimidad con sus amantes porque pueden hablar de sus sentimientos abiertamente. Sin embargo, cuando termina la aventura amorosa, sienten mucha culpa con relación a su esposo y a sus hijos. También lamentan el engaño que acompañó el amorío.

Los hombres dicen que se sienten emocionados por la experiencia sexual de la aventura amorosa. Tratan de controlar sus sentimientos en el amorío y no compiten con los sentimientos que tienen por su esposa. A menudo limitan su relación emocional con su amante. Los hombres también sienten culpa y lamentan el engaño cuando termina un amorío, pero menos que la mayoría de las mujeres.

Los hombres y mujeres tienen aventuras amorosas por diferentes razones. La investigación ha mostrado que las mujeres buscan amoríos a fin de ser amadas, tener un amigo y sentirse necesitadas. Los hombres buscan amoríos para lograr satisfacción sexual, amistad y diversión.

Parece ser que el porcentaje de mujeres que tienen sexo extramarital ha aumentado en las últimas décadas. En 1953, Alfred Kinsey encontró que el 29 por ciento de las mujeres casadas reconocieron haber tenido al menos un amorío. Una encuesta de Psychology Today en 1970 informó que el 36 por ciento de sus lectoras había tenido sexo extramarital. Un estudio de 1987 encontró que el 70 por ciento de las mujeres encuestadas había participado en una aventura amorosa.

También parece que las mujeres que están empleadas a tiempo completo fuera de la casa tienen una mayor probabilidad de tener un amorío que amas de casa de tiempo completo. Varios estudios llegan a la misma conclusión. Un estudio encontró que el 47 por ciento de las mujeres que tenían empleos de tiempo completo y el 27 por ciento de amas de casa de tiempo completo habían participado en una aventura amorosa antes de cumplir los 40 años. Y la revista New Woman encontró que el 57 por ciento de las esposas empleadas que habían tenido un amorío conocieron a su amante en el trabajo.

En contra de la sabiduría convencional, una aventura amorosa no ayudará a su matrimonio. En 1975, Linda Wolfe publicó Playing Around después de haber estudiado a veintiún mujeres que estaban teniendo amoríos para mantener sus matrimonios intactos. El razonamiento para muchas de estas mujeres era que, si podían suplir sus propias necesidades, sus matrimonios serían más exitosos. Muchas decían que estaban desesperadamente solas. Otras tenían miedo, y creían que sus esposos no las amaban o no estaban dedicados a su matrimonio. Cinco años después del estudio inicial, solo tres de las veintiún mujeres seguían casadas. *El adulterio puede destruir un matrimonio, sea en un amorío físico o en un amorío en línea.*

Cómo impedir un amorío

El esquema general para algunas de estas ideas vienen del terapeuta familiar Frank Pittman, autor de Private Lies: Infidelity and the Betrayal of Intimacy (Mentiras privadas: Infidelidad y la traición de la intimidad), si bien he agregado material adicional. Él ha aconsejado a 10.000 parejas a lo largo de los últimos cuarenta años, y unas 7.000 han experimentado infidelidad. Tienen diecinueve sugerencias específicas para parejas sobre cómo evitar los amoríos.

Consideremos algunas de ellas.

Primero, acepte la posibilidad de ser atraído sexualmente a otra persona y tener fantasías sexuales. Frank Pittman cree que debemos reconocer que este tipo de pensamientos pueden desarrollarse, para que uno no los asuste y haga que se escondan. Pero también dice que uno no tiene que actuar de acuerdo con ellos.

Segundo, debemos pasar tiempo con personas monógamas. Él dice: "Constituyen un buen sistema de soporte". Expresándolo negativamente: "No se dejen engañar: *"Las malas compañías corrompen las buenas costumbres"* (1 Corintios 15:33).

Tercero, trabaje en su matrimonio. Él dice que debemos mantener nuestro matrimonio sexualmente atractivo y trabajar para tener intimidad con nuestro cónyuge. También dice que debemos hacer que el matrimonio sea una parte importante de nuestra identidad. "Lleve su matrimonio con usted dondequiera que vaya".

Cuarto, sea realista en cuanto a su matrimonio. Pittman dice: "No espere que su matrimonio lo haga feliz.

Vea a su pareja como una fuente de bienestar más que una causa de infelicidad". Acepte la realidad del matrimonio; no es siempre hermoso. También acepte que ambos son imperfectos.

Quinto, mantenga el matrimonio en igualdad. Compartan las tareas de padres. "Sino, un integrante de la pareja se convertirá en un padre de tiempo completo y el otro integrante, en un hijo de tiempo completo", sin responsabilidades y que busca ser cuidado. Y mantengan la relación en un pie de igualdad: "Cuanto más igualitario sea, más lo respetarán y valorarán ambos integrantes".

Sexto, si aún no están casados, tenga cuidado con su elección de una pareja para el matrimonio. Por ejemplo, cásese con alguien que cree en la monogamia y tiene una historia familiar monogámica. Frank Pittman dice: "Es una mala idea convertirse en el quinto esposo de una mujer que ha sido infiel a los cuatro anteriores". También, cásese con alguien que respeta y quiere a su género. "El carácter especial que tiene usted se le pasará a su cónyuge y, con el tiempo, lo considerará como integrante del género que desprecia".

Séptimo, llame a su casa cada día cuando viaja. "De lo contrario, comenzará a tener una vida separada". Y manténgase fiel. "Si usted quiere que su pareja (se mantenga fiel), es una buena idea mantenerse fiel usted mismo". Y asegúrese de ser abierto, sincero y auténtico. Las mentiras y el engaño crean una vida secreta que puede permitir que ocurra una aventura amorosa.

Finalmente, no sobre reaccione o exagere las consecuencias de un amorío, si ocurre. Pittman dice: "No significa que habrá un divorcio, un asesinato o un suicidio. Refrénese y vuelva a meterse en el matrimonio".

Los amoríos pueden destruir un matrimonio. Tómese el tiempo para hacer que su matrimonio sea resistente a las aventuras amorosas, y así evitar el dolor, la culpa y el remordimiento que resultan inevitablemente. Y, si ha caído en un amorío, ábrase camino de vuelta y reconstruya su matrimonio.

Las consecuencias de los amoríos

Cuando Dios ordena: *"No cometas adulterio"* (Éxodo 20:14), lo hizo por nuestro propio bien. Hay significativas consecuencias sociales, psicológicas y espirituales del adulterio.

Un importante costo social es el divorcio. Un amorío que se descubre no tiene que terminar en divorcio, pero suele ser el caso. Alrededor de un tercio de las parejas siguen juntas después de descubierto una aventura amorosa adúltera, mientras que los dos tercios restantes suelen divorciarse. No es sorprendente que la tasa de divorcios es mayor entre personas que tienen amoríos. Annette Lawson (autora de Adultery: An Analysis of Love and Betrayal [El adulterio: Un análisis de amor y traición]), encontró que los cónyuges que no tenían aventuras amorosas tenían la menor tasa de divorcios.

Las mujeres que han tenido múltiples amoríos (especialmente si comenzaron a principios de su matrimonio) tenían la tasa más elevada de divorcios. Un dato menos conocido es que las personas que se divorcian raramente se casan con la persona con la que están teniendo una aventura amorosa. Por ejemplo, el estudio del Dr. Jan Harper de hombres exitosos (ejecutivos, empresarios, profesionales) encontró que muy pocos hombres que tienen amoríos se divorcian con su esposa para casarse con su amante. Sólo 3 por ciento de los 4.100 hombres exitosos encuestados terminaron por casarse con su amante.

Frank Pittman ha encontrado que la tasa de divorcios entre las personas que se casaron con su amante era de 75 por ciento. Las razones para la alta tasa de divorcios incluyen: intervención de la realidad, culpa, expectaciones, una desconfianza general del matrimonio, y una desconfianza de la persona con la que tuvo la aventura amorosa.

Las consecuencias psicológicas son importantes también, aun cuando a veces son más difíciles de discernir. Las personas que tienen un amorío a menudo lo hacen por necesidad de autoestima, pero frecuentemente erosionan aún más esos sentimientos al violar la confianza, la intimidad y la estabilidad en una relación matrimonial. Los amoríos no estabilizan un matrimonio, sino que lo desestabilizan.

Los amoríos destruyen la confianza. No es de extrañar que los matrimonios formados luego de una aventura amorosa y un divorcio tengan una tasa de divorcios tan elevada. Si su nuevo cónyuge engañó antes, ¿Qué garantía tiene de que esta persona no comenzará a engañarlo a usted? La desconfianza del matrimonio y la desconfianza de la persona que participó en el amorío son temas importantes.

Finalmente, están las consecuencias espirituales de los amoríos. Apenamos al Señor con nuestras acciones. Avergonzamos al Señor cuando nos convertimos en una estadística más de un fracaso moral dentro del cuerpo de Cristo. Ponemos en peligro el vínculo sagrado del matrimonio entre nosotros y nuestro cónyuge. Traemos culpa a nuestra vida y vergüenza a nuestro matrimonio y nuestra familia. Las aventuras amorosas se cobran un precio tremendo en nuestra vida y las vidas de quienes amamos y apreciamos.

Y no olvidemos las consecuencias a largo plazo. Los amoríos, por ejemplo, pueden llevar a embarazos no deseados. Según un informe: "Los estudios de grupos sanguíneos muestran que 1 de cada 10 bebés nacidos en Estados Unidos no es hijo del esposo de la madre". Las aventuras amorosas también pueden producir enfermedades de transmisión sexual como sífilis, clamidia, herpes o aun SIDA. Muchas de estas enfermedades no son curables y durarán toda la vida.

El adulterio es peligroso, al igual que los amoríos en línea. La popularidad de la reciente película Tienes un e-mail ha ayudado a alimentar la fantasía que uno está escribiendo a Tom Hanks o Meg Ryan. En prácticamente cada caso, nada podría estar más lejos de la verdad. Un amorío en línea podría ocurrirle a usted, y la trama podría parecerse más a Atracción fatal*.

Manuel terminó de leer el escrito realmente perturbado en lo más íntimo y recóndito de su ser, ya que él había precisamente experimentado esa situación con Sofía, todo originalmente había iniciado con emails normales que no tenían mayores consecuencias. Pero poco a poco se fueron dando las confidencias, hasta que se paso a las caricias furtivas, y después a los amoríos tanto en línea como en persona.

* Notas
Karen Peterson, "Spouses Browse Infidelity Online," USA Today, 6 July 1999, 1D.
Philip Blumstein and Pepper Schwartz, American Copules (New York: William Morrow,1983).
Maggie Scarf, Intimate Partners (New York: Ballantine, 1996).
Trish Hall, "Infidelity and Women: Shifting Patterns," New York Times, 1 June 1987, B8.
Annette Lawson, Adultery: An Analysis of Love and Betrayal (New York: Basic Books,1988).
Alfred Kinsey, et. al. Sexual Behavior in the Human Female (Philadelphia: W.B. Saunders,1953).
R. Athanasiou, et. al. "Sex: A Report to Psychology Today Readers," Psychology Today, July 1970, 39-52.
Shere Hite, Women and Love (New York: Alfred Knopf, 1987).
Carol Travis and Susan Sadd, The Redbook Report on Female Sexuality (New York: Delacorte Press, 1977).
"Infidelity Survey," New Woman, October- November 1986.
Linda Wolfe, Playing Around: Women and Extramarital Sex (New York: WilliamMorrow, 1975).
"Reducing the risks of a wandering eye," USA Today, 6 July 1999, 10D.

Jan Halper, Quiet Desperation: The Truth About Successful Men (New York: WarnerBooks, 1988).

Frank Pittman, Private Lies: Infidelity and the Betrayal of Intimacy (New York: Norton,1989).

William Allman, "The Mating Game," U.S. News and World Report, 19 July 1993, 57-63.

Capítulo 6
Todo al descubierto

Parecía ser que todo estaba comenzando a ponerse en contra de Manuel. Esa mañana lo habían despedido de su trabajo, porque últimamente estaba muy distraído, y no estaba cumpliendo con su trabajo como debería, parecía ser que ese sólo era el pretexto (aunque en realidad desde que este problema se había desencadenado, no se concentraba, no tenía paz, y ¿Cómo decírselo a María?). Ya que algunos de los líderes de la organización en la que trabaja hacía tiempo se querían deshacer de él, pero no encontraban la forma ni los motivos, así que ahora tenían la oportunidad y no podían desaprovecharla.

Cuando llegó a su casa, su esposa estaba llorando en su recámara, había entrado a su correo electrónico, y había descubierto los emails que se escribía Manuel con Sofía, ya que María conocía la clave de acceso. Ella había tomado la decisión de abandonar a Manuel y solamente estaba esperando a sus hijos para decírselo a ellos; para que cada uno de ellos tomara su propia decisión, irse con ella de regreso a la casa de sus padres o quedarse con Manuel, pero ella ya no podría tolerar un abuso más.

Manuel se fue a su cita con Mario, ya que para ese día tenían una reunión, para que él le rindiera un informe sobre el artículo que le había dado sobre las consecuencias que produce el adulterio. En su mente resonaban las palabras de su esposa: "Lo siento Manuel, ya no te puedo perdonar, y mañana mismo me voy de regreso a la casa de mis padres, tú ya has abusado demasiado de mi, y creo que merezco un poco de respeto, de entrega y de fidelidad". Con estas palabras en mente, su memoria se nubló, de tal manera que en lo que menos pensaba era en el informe de su lectura que tendría que rendir a Mario.

El artículo que Mario le había dado sobre las consecuencias de los pecados sexuales decía lo siguiente:

Consecuencias de los pecados sexuales:

1.- Corrompen la raíz de la identidad individual:
"¿Cuándo los fundamentos son destruidos que le queda al justo?" (Sal. 11:3).

Una vez que el pecado sexual contamina nuestra identidad, es posible invalidar toda una vida o desintegrar paulatinamente un futuro prometedor. Y eso precisamente estaba pasando con Manuel, todo su futuro se estaba destruyendo, su esposa estaba por abandonarlo, había perdido su posición laboral y todavía no sabía si sus hijos pudieran perdonarlo una vez más.

Una vez que la serpiente del adulterio penetra en lo más profundo del ser humano, su veneno se extiende a todo su ser, y daña profundamente todas las relaciones de los involucrados.

2.- Se aprovechan de las emociones más profundas: "*¿Puede echarse alguien brazas en el pecho sin quemarse la ropa? ¿Puede alguien caminar sobre las brasas sin quemarse los pies?*" (Prov. 6:27,28).

El amor genuino y una relación no matrimonial, no requieren la expresión sexual para su realización. En todo el proceso del engaño, aun esa relación de adulterio que parece ser la solución está basada sobre el engaño, es ficticia, corrupta y produce al final destrucción.

3.- Contaminan la fuente de la creatividad: "*Y Dios el Señor formó al hombre del polvo de la tierra y sopló en su nariz hálito de vida, y el hombre se convirtió en un ser viviente.*" (Gn. 2:7).

Literalmente, con este don del creador somos capaces de dar origen a seres eternos. Debido a ese privilegio divino de engendrar vida, el adversario de nuestras almas ataca con tanta saña nuestra sexualidad. Esto había pasado con Manuel en una de las primeras veces que el cometió adulterio, un niño no deseado y mucho menos programado, había llegado a la vida, en medio de la mas abrupta de las adversidades.

4.- Producen culpa que desgasta la confianza y la autoridad: *"Los que practican tales cosas (las obras de la carne) no heredarán el reino de Dios."* Gá. 5:21; 1 Co. 6: 9-11.

El pecado sexual despoja del gozo de la salvación. Neh. 8: 9-12. ¿Cómo es posible dudar de que los pecados sexuales son brutales, máxime cuando un hombre tan poderoso y conocedor del corazón de Dios como David, y habiendo ya transcurrido un año de haber pecado, todavía luchaba con la culpa y la vergüenza? *"Ten piedad de mí, oh Dios, conforme a tu misericordia; Conforme a la multitud de tus piedades borra mis rebeliones. Lávame más y más de mi maldad, Y límpiame de mi pecado. Porque yo reconozco mis rebeliones, Y mi pecado está siempre delante de mí...Crea en mí, oh Dios, un corazón limpio, Y renueva un espíritu recto dentro de mí."* (Sal. 51: 1-3, 10).

Hoy más que nunca vemos tantos escándalos sexuales dentro de la Iglesia, de tal forma que lo sagrado se está corrompiendo, entonces ¿Dónde se podrá depositar la confianza?

¿Podría Manuel recuperar la confianza de su esposa y su autoridad en su hogar como cabeza del mismo? Es difícil porque el perdón tiene que ser extendido, y no importa cuánto haga el ofensor, si el ofendido no otorga el regalo del perdón, nada se puede hacer para restaurar una relación.

5.- Comprometen la relación humana más intima: el matrimonio. *"Esposos, amen a sus esposas, así como Cristo amó a la Iglesia y se entregó así mismo por ella .... Esposas, sométanse a sus propios esposos como al Señor..."* (Ef. 5:25, 22).

La integridad sexual entre hombres y mujeres en la intimidad y a escala personal es un elemento esencial para desarrollar la plena realización. El matrimonio es una sola carne: *"En el principio el Creador los hizo, hombre y mujer, y dijo: "por eso dejara el hombre a su padre y a su madre, y se unirá a su esposa, y los dos llegarán a ser un solo cuerpo... Por tanto lo que Dios a unido, que no lo separe el hombre."* (Mt. 19:4-6).

Si los pecados sexuales ocultos o no tratados se infiltran en el matrimonio, con demasiada facilidad tenderán a hacer implosión más tarde, derrumbando la más fundamental de las relaciones humanas.

La relación sexual dentro del matrimonio es muchísimo más que una mera actividad física. Implica una revelación personal. Si la culpa o la vergüenza ocultas no se retiran, el resultado final será un distanciamiento o la reducción de la interacción sexual sólo al plano del placer.

Las culpas secretas, el pecado oculto, la aceptación del juego de la seducción, los pensamientos privados y la plétora de imágenes que la pornografía introduce en nuestra psiquis, rebajan la hermosura de la relación sexual y socavan su permanencia como verdadero intercambio íntimo de cuerpos y de almas.

La fuerza bruta del relativismo, el humanismo y el hedonismo que impera en nuestra cultura ha erosionado verdades fundamentales que durante largo tiempo se tuvieron por sagradas y ha traído consigo una cantidad devastadora de secuelas en mucha gente que frustran la plena satisfacción genuina en el matrimonio. La Biblia nos revela que las relaciones sexuales como fueron diseñadas por Dios en el contexto del matrimonio son para:

Propósito del Sexo en el Matrimonio

- La procreación (Gn. 1:22)
- La expresión de la unidad (Gn. 2:24)
- La expresión de afecto y de consuelo (Gn. 24:67 y Cant. 2:10)
- El placer recíproco (Pr. 5:18) ¡Cómo se pierden trágicamente estos principios cuando el pecado sexual deshonra el matrimonio!

El acto sexual de la pareja no es simplemente una parte de su relación; la intimidad, el acto de total franqueza, la sumisión mutua y el entregarse el uno al otro conforman por definición el propósito del matrimonio.

Cuando Manuel y María se casaron, prometieron que estarían juntos hasta que la muerte los separara, que nada podría hacer separación entre ellos dos, y que cada uno de ellos se guardaría única y exclusivamente para el otro; pero pareciera ser que a Manuel hace mucho se le había olvidado eso, y ahora era María quien ya estaba cansada de perdonar, pero ¿Quien podría culparla? Nadie podría hacerlo, mucho menos Manuel.

6.- Nos exponen al riesgo de concebir a un ser humano desvalido: *"Aunque mi padre y mi madre me dejaren, con todo el Señor me recogerá."* (Sal. 27:10).

Aquí el daño colateral de la inmoralidad repercute en el destino de otras personas. "Un desvalido" es aquel que es abortado. ¿Podemos siquiera imaginar qué distinto sería nuestro mundo hoy si los millones de vidas abortadas se les hubiese dejado vivir? Solamente en Estados Unidos más de cuarenta y tres millones han sido abortados legalmente. ¿Qué diferencia puede hacer una vida? Si como discute un ambientalista, la extinción de una sola especie de aves o de insectos tal vez altere la ecología de una región entera de nuestro planeta, ¿Cuánto más significativa es una vida humana: una vida que pudo haber encontrado la cura del cáncer, que pudo haber negociado la paz en el medio oriente, que pudo haber llevado a miles a los pies de Cristo? El Segundo tipo de desvalido es aquel que sufre de abandono de parte de uno o de ambos padres. También pueden ser desvalidos emocionalmente, cuando se les dice que él o ella fueron un error, se les trata como indeseados, inservibles o no queridos.

Manuel tenia un hijo desvalido, que tuvo que dejar al cuidado de su madre, y que nunca más supo de él, qué trágicas consecuencias trae el pecado en cualquiera de sus formas, y ahora que leía este articulo que le había facilitado Mario, estaba siendo confrontado con cada punto que ahí se trataba, parecía ser que Mario conocía íntimamente a Manuel y que este artículo lo escribió con el propósito únicamente de mortificar a la ya de por si atribulada y confundida conciencia de Manuel.

Muchos padres tienen muy poca conciencia del hecho muy significativo de que, al menos hasta los cinco o siete años, los padres son el texto esencial de instrucción teológica sobre el carácter, la constancia y el cuidado de Dios. Los niños desvalidos llegan a la vida con muy poca base sustentable acerca de cómo es Dios; su visión del dador primario de vida a sido tergiversada por las actitudes de los seres humanos que debieron ser los instrumentos de Dios para darles vida. En consecuencia, su confianza en un Padre celestial puede ser débil o impropia durante toda la vida.

7.- Aumentan la probabilidad de propagación de enfermedades: *"Si escuchan mi voz y hacen lo que yo considero justo, si cumplen mis leyes y mis mandamientos, no traeré sobre ustedes ninguna de las enfermedades que traje sobre los egipcios. Yo soy el Señor que les devuelve la salud."* (Ex. 15:26).

La plaga del siglo XX, fue el SIDA. A escala mundial, el número de personas infectadas o muriendo de SIDA ha sobrepasado a los 45 millones, y dicho número está en aumento. Catorce mil personas se contagian diariamente de VIH, el virus responsable del SIDA. Más de medio millón de Norteamericanos han muerto de SIDA. Las naciones unidas estiman que para la próxima década morirán un poco más de setenta millones de personas por causa de alguna enfermedad asociada por el SIDA, y se ha dicho que "todavía falta lo peor".

El daño colateral infligido por esta enfermedad de transmisión sexual es igual de pavoroso. Se calcula que, para el año 2010, más de veinticinco millones de jóvenes habrán perdido por lo menos a uno de sus padres por causa del SIDA, el doble de las estimaciones correspondientes al año 2003. A la profunda pérdida familiar que soportan estos niños o jóvenes debemos agregar la consiguiente desnutrición, la pobreza extrema y el sello de la desesperanza. ¿De dónde saldrá la próxima generación de líderes en aquellas naciones diezmadas por los estragos de la epidemia del SIDA?

Con evidencias tan claras sobre el desenlace devastador de esta enfermedad de transmisión sexual, ¿Por qué más y más gente se involucra en conductas sexuales que favorecen el contagio? Esta pregunta fue planteada a unos investigadores médicos en Gran Bretaña: ¿Por qué pese a la conciencia generaliza del VIH, la conducta de los individuos ni la de los gobiernos han cambiado lo suficiente como para disminuir esta pandemia mundial? A lo que los investigadores respondieron: "Que el control de la epidemia está retrasado debido, entre otros factores, a "la falta de voluntad para reconocer el riesgo" y "a la falta de voluntad para sacrificar la libertad sexual".

Irónicamente, quienes más han luchado para aliviar el horrible sufrimiento inducido por el SIDA, han sido también los responsables indirectos de su crecimiento: gracias a todos los nuevos medicamentos disponibles, mucha gente cree que el SIDA ya no representa un riesgo mortal o que hay recursos abundantes para ayudarlos en caso de contraer la enfermedad, pero ese es un sentimiento falso de seguridad. En una ocasión escuché que sería mejor que no se encontrara la cura para el SIDA, ya que entonces podría venir una enfermedad peor. Al fin de cuentas: la clave para evitar las enfermedades venéreas y el SIDA, es la abstinencia hasta el matrimonio, y luego una pareja para toda la vida.

En Uganda hay muchos clubes de abstinencia sexual; pero para muchas adolescentes la prostitución es el único medio de ingresos económicos.

Manuel recuerda que María, la vez pasada en donde la promiscuidad sexual había tomado fuertemente el control de su vida, le pidió que se hiciera el examen del VIH. Pareciera que fue ayer cuando Manuel se paseaba enfrente de la clínica, lleno de nerviosismo, de miedos, de temores. Realmente estaba asustado en esa ocasión, pero sabía que por María debería hacerlo y también por él, ya que él nunca había usado condón en ninguna de sus relaciones sexuales. Aunque por cierto no le hubiera servido de mucho, ya que según las investigaciones sobre el condón dicen:

"Ni aún los mejores y mas resistentes preservativos garantizan una protección total contra contagios venéreos. Por sentido común, no es conveniente confiar ciegamente en los condones. En ocasiones, antes o después del coito, se produce roce o intercambio de fluidos; además, el preservativo puede romperse o zafarse. Es importante saber que los condones naturales son más inseguros que los de látex, que los viejos son mas débiles, y que el calor debilita sus fibras (un condón guardado en le guantera del auto, en la cartera o en una bolsa caliente conlleva riesgos), que es importante revisar cuidadosamente la fecha de caducidad impresa en algunas marcas y que debe manejarse con mucha precaución, siguiendo todas las reglas conocidas para su uso".

El concepto tan de moda llamado "sexo seguro" no es más que una campaña publicitaria para le uso de condones. Los condones funcionan sólo como una solución superficial y temporal. Pero la plaga de la promiscuidad, del llamado "sexo libre" sigue ahí, fortaleciéndose, multiplicándose en silencio, en medio de la corrupción social que impera.

Tarde o temprano los especialistas reconocerán que ante un azote como el de la promiscuidad venérea de nada sirven los paliativos, es como tratar de sanar con una aspirina un cáncer que ha hecho mestazis en todo el cuerpo. Para erradicar el problema de raíz, es necesario terminar con la adicción y promiscuidad sexual.

Es la sociedad la que se está pudriendo: el movimiento gay gana cada día más fuerza; los negocios más prósperos, fuera de las drogas, se relacionan con sexo ilícito: prostitucion, abortos, casas de citas, centros de masaje eróticos y pornografía; en las escuelas se promueve el amor libre, en lugar de enseñarles valores y principios les enseñan cómo usar el condón; no es raro que el jefe seduzca a la empleada. El condón puede, a veces, constituir una ayuda, pero el problema no es tan superficial ni tan simple. Se trata de un problema de fondo.

Por fin con un nudo en la garganta entró a la clínica y como pudo, se dio a entender casi con monosílabos, ya que las palabras no salían de sus labios, por fin pudo decir las palabras tan temidas: "Señorita vengo a hacerme el exámen del SIDA". Ahí lo hicieron esperar unos minutos que le parecieron una eternidad, tres horas después tenía que regresar por los resultados.

Comenzó a deambular por los alrededores de la clínica mientras regresaba para que le entregaran los resultados, y en ese deambular solitario se sentó en una banca de un parque para leer unos apuntes que había tomado de una conferencia meses atrás, y parecía que trataban sus problemas sexuales de hoy.

Una época diferente: Antiguamente muchos de los padres llevaban a sus hijos a "inaugurarse" con prostitutas. Sin embargo, en la actualidad se sabe que las pirámides de promiscuidad a las que se incorporan millones y millones de hombres y de mujeres crecen y afectan día a día a millones y millones mas.

El sexo es el don más bello dado al ser humano, el acto más hermoso e intimo que pueden realizar dos personas. Pero con una sola salvedad: ES PARA VIVIRSE

UNICAMENTE CON LA PAREJA DEFINITIVA. La verdadera virtud se encuentra sólo en la fidelidad y la responsabilidad.

Qué irresponsable había sido Manuel con su vida, la de su esposa y la de sus hijos, jamás se había puesto a pensar, mucho menos a reflexionar sobre la gran posibilidad de un contagio. En ese momento le vino a la memoria, el recuerdo de uno de sus estudiantes, que llevaba una vida libertina, que ya había tenido un hijo desvalido y al descubierto, y que cuando se casó con su esposa, no le exigieron los exámenes médicos sobre el SIDA, así es que unos meses después de casado él enfermó de gravedad, y al hacerle los exámenes médicos se dieron cuenta de que él estaba infectado del VIH, y que su estado era terminal, en medio de todo esto, procreó una hija, que ya nació infectada con el VIH y su esposa también lo estaba. Él murió finalmente, pero contaminó en medio de su ignorancia y de su promiscuidad a dos seres inocentes. Su hija no había nacido y ya tenía un futuro devastador, a menos que en el proceso de su crecimiento se descubra alguna cura para el VIH, esta niña ya está marcada para morir, aún antes de haber nacido. Un nudo en la garganta se le hizo a Manuel al recordar este acontecimiento. Continúo leyendo sus apuntes:

Pirámide de la promiscuidad: Hace algunas dos décadas comenzaron a surgir los negocios de multinivel; la cabeza de una pirámide recibe el beneficio económico de todos los miembros de su red. Este efecto geométrico se puede aplicar a las relaciones sexuales.

Pensemos en un hombre x que durante su vida sólo mantuvo relaciones con dos mujeres diferentes. Supongamos que cada una de esas dos mujeres sostuvo relaciones sexuales con otros dos hombres además de él, y esos dos hombres hicieron lo mismo con otras dos mujeres, respectivamente. Seguramente x puede confiar en las dos mujeres con las que se acostó, pero no en las parejas anteriores de ellas. En realidad sólo mantuvo relación sexual con dos personas, pero, sin saberlo, pasó automáticamente a formar parte de una pirámide: en sólo seis escalones se ha creado un grupo de 90 personas involucradas aparte de él. Se sabe que, en promedio, un joven mantiene relaciones sexuales al menos con 3 personas diferentes antes de casarse. También que por lo general la cadena supera, en cada caso, los diez escalones.

Un joven que tuvo relaciones con tres personas, quienes a su vez tuvieron relaciones con otras tres, y así sucesivamente hasta el décimo nivel, ha creado un grupo de 59, 049 participantes. El riesgo de contagio de una enfermedad como el SIDA equivale a haber tenido sexo con 59, 049 personas.

Este modelo matemático es un ejemplo moderado de lo que ocurre en la realidad. Las pirámides no son tan homogéneas ni tan exactas; en ellas influyen otros factores como edades, tiempos y pasado de los participantes. Lógicamente, si una persona virgen (sin pasado sexual) participa, se cortan los eslabones, pero, en contrapartida, si alguien del grupo se acuesta con una prostituta o con un individuo extremadamente liberal, la calculadora deberá elevarlo a la quinta potencia para determinar el gigantesco número de participantes.

Cuando Manuel terminó de releer sus apuntes realmente se asustó, se le hizo un nudo en la garganta, y se le salieron las lágrimas, por la congoja de la gran posibilidad de contagio que él podía haber adquirido; de alguna de muchas de las enfermedades por transmisión sexual.

Media hora antes ya estaba en la clínica esperando los resultados, con un nudo en la garganta, con las manos sudorosas y con escalofríos en todo el cuerpo, ¿Cuál sería el resultado? Él sabía que tenía muchas probabilidades de salir infectado, y que entonces sí, todo habría terminado. En ese momento pensó, si tan sólo así me pusiera de nervioso cuando estoy a punto de cometer adulterio, seguramente muchas de mis infidelidades se habrían evitado. Por fin salió el laboratorista con los resultados, se lo entregaron a Manuel, pero no se atrevía a abrirlo, ni siquiera lo veía, lo guardó en su bolsa y lo acariciaba como queriendo leerlo con los dedos de la mano.

Cuando llegó a su casa, no estaba María, así es que se encerró en la recámara y por fin abrió el sobre después de casi 6 angustiosas horas, el resultado decía: NEGATIVO. El alma le volvió al cuerpo, por fin pudo respirar normalmente, comenzó a llorar con mucho dolor en el pecho, y con una angustia superada, había gratitud en todo su ser, en sus labios, sus ojos no paraban de derramar lágrimas, ahí arrodillado lo encontró María. Cuando ella llegó, guardó silencio vio el sobre y después el papel del resultado, cuando lo leyó, abrazó a Manuel y ella también lloró de gratitud, porque Dios había tenido misericordia una vez más de Manuel y de su matrimonio.

Ahora Manuel se preguntaba: ¿Por qué siempre he vivido en la misericordia de Dios, si puedo vivir como su hijo con plena confianza y entrega, no con incertidumbres y dudas, no con temores y dolor, no con pecados ocultos que tarde o temprano salen a la luz?".

María y Manuel terminaron de leer los apuntes que el tenía, para que terminara de darse cuenta que solamente la misericordia de Dios lo había librado de todas las enfermedades como consecuencia de sus actos.

Una infección que viaja: ¿Por qué algunas enfermedades mortales como lo era antes la viruela, han sido controladas con relativa facilidad? Cuando la ciencia médica no encuentra vacuna o medicamento, se realiza un proceso de aislamiento. Incomunican a los enfermos y los confinan en determinadas áreas para evitar la propagación de la enfermedad.

Con su muerte y con la esterilización de la zona se controla el problema. ¿Por qué no se ha realizado algo similar con el SIDA? El problema real radica en que en este preciso momento seguramente está viajando de un país a otro, de una ciudad a otra, de una cama a otra, de una persona a otra. Miles de personas infectadas viajan todos los días, y se relacionan sexualmente con otras.

El HIV puede alojarse en el cuerpo de alguien durante varios años sin que presente ningún síntoma. El individuo puede contagiar sin saberlo a toda su pirámide. El aumento de casos de SIDA es alarmante; y el coito es el principal medio de contagio.

Qué tremendo monstruo hemos creado por no tomar los mandamientos de Dios para la vida del ser humano, por dar rienda suelta a sus bajas pasiones, creyendo que todo está bajo control.

8.- Despiertan apetitos que provocan más comportamientos inmorales: *"el sepulcro, la muerte y los ojos del hombre jamás se dan por satisfechos"* (Pr. 27:20).

"Porque pueden estar seguros de que nadie que sea avaro (es decir idólatra), inmoral o impuro tendrá herencia en el reino de Cristo y de Dios" (Ef. 5:5). La definición de Idolatría: la adoración de una imagen que oculta un demonio. No cabe duda que la forma más popular de idolatría hoy en día es la pornografía. La carne se rige por la ley de la codicia. La palabra griega para codicia es: pleonexia, que significa: "un capricho insaciable, que siempre procura más". El deseo de algo se transforma en la motivación avasallante del alma del sujeto, y él o ella nunca están satisfechos.

La persona queda enredada en las cadenas de la lujuria y convierte el objeto de su compulsión en su ídolo. La codicia es tan grave que ha sido prohibida en uno de los mandamientos fundamentales de Dios, Ex. 20:17 *"No codiciarás la casa de tu prójimo, no codiciarás la mujer de tu prójimo, ni su siervo, ni su criada, ni su buey, ni su asno, ni cosa alguna de tu prójimo."* Hay una verdad espiritual que dice: que nos parecemos al espíritu que nos sometemos. Cuando nos sometemos al Espíritu Santo, la santidad de Dios se manifiesta en nuestras vidas (1 P. 1:13 – 16). Pero cuando nos sometemos al espíritu de lujuria, la lujuria se adueña de nuestras vidas.

La Palabra de Dios se expresa claramente en contra de ser licencioso, refiriéndose a este término como lascivia y avidez en la versión Reina-Valera (1960) y como inmoralidad sexual en la Nueva Versión Internacional. Revisemos estas escrituras:

"...la avaricia, la maldad, el engaño, el libertinaje, la envidia, la calumnia, la arrogancia y la necedad." (Marcos 7:22).

"Vivamos decentemente, como a la luz del día, no en orgías y borracheras, ni en inmoralidad sexual y libertinaje, ni en disensiones y envidias." (Romanos 13:13).

"...que cuando vuelva, me humille Dios entre vosotros, y quizá tenga que llorar por muchos de los que antes han pecado, y no se han arrepentido de la inmundicia y fornicación y lascivia que han cometido." (2 Corintios 12:21).

"Han perdido toda vergüenza, se han entregado a la inmoralidad, y no se sacian de cometer toda clase de actos indecentes." (Efesios 4:19).

La Palabra de Dios es terminante porque la inmoralidad apaga los sensores que Él puso en el corazón humano y que nos ayudan a afirmar nuestros valores. Al cristiano se le advierte una y otra vez que se cuide del espíritu de desenfreno que intenta justificar la conducta inmoral, porque basta capitular una vez para que el espíritu de las malas pasiones se arraigue con su seducción.

Muchos piensan que la masturbación es inofensiva. Pero al contrario, la masturbación incluye fantasías que se relacionan con la idolatría. La fantasía, la pornografía y la masturbación están estrechamente vinculadas. La masturbación se opone a toda la entrega (la antítesis del egocentrismo) que Dios pretende para nuestra sexualidad y satisfacción sexual, y es contraria a la disciplina personal, ese aspecto del carácter y de la obediencia tan vital para ser discípulos del Señor Jesucristo.

En este punto de la lectura Manuel recordó, que muchas de sus perversiones sexuales provenían de sus malas concepciones, de sus fantasías sexuales provenientes de la pornografía que había visto en las revistas, películas e internet, por eso nunca se sentía satisfecho, la Palabra de Dios jamás se equivoca y siempre se cumple al pie de la letra.

La Palabra de Dios declara que "los malos

pensamientos del cuerpo" y "la codicia de los ojos" no son de Dios sino del mundo (1 Jn. 2:16). El sistema del mundo nos incita a someternos a la fantasía y al placer, y glorifica el espíritu del hedonismo y de la avaricia.

Cuando nos sometemos a esta ilusión dejamos que nuestra mente se conforme a los dictados de este mundo, que aprueba y presenta la corrupción moral con sus mejores galas. Muchas veces ni siquiera es necesario llegar a la pornografía como tal, para darnos cuenta de esto; basta con salir y mirar los carteles publicitarios que recurren a imágenes sexuales explicitas para vender cualquier cosa bajo el sol. La pornografía ha invadido todas las facetas de nuestra cultura, desde la programación diaria televisiva hasta el envase de los productos. El propósito de todo esto es ocupar la mente, excitar la carne y contaminar el alma.

9.- Resquebrajan la confianza de todo el cuerpo de Cristo: *"Porque ninguno de nosotros vive para sí mismo, ni tampoco muere para sí."* (Ro. 14:7).

El impacto de la impureza sexual no se limita a nuestra vida privada y relaciones personales, sino que afecta también a nuestros hermanos y hermanas en el Señor. Los resultados devastadores de la deshonestidad y el pecado sexual en cualquiera de sus formas ilustran que cuando un líder de la iglesia cae en pecado, su conducta influye o repercute en todo el cuerpo de Cristo.

Es de todos sabido que muchos miembros del cuerpo de Cristo han visto su fe sacudida hasta la médula por la impureza sexual de parte del liderazgo espiritual.

Sin embargo, no podemos pasar por alto que los pecados sexuales de cualquier creyente pueden abrir brechas calamitosas para la salud de la iglesia. Ya sea que la impureza sexual o cualquier otro pecado se haga público o no, necesitamos tener bien en claro el efecto corrosivo de los pecados sexuales, aún de los más privados. Sea cual fuere su influencia o imagen pública, hasta el miembro menos visible puede debilitar la estructura del cuerpo de Cristo.

Como una célula cancerígena liberada en el sistema del cuerpo humano, cualquiera de nosotros puede desencadenar el síndrome de muerte y pecado en el seno de la iglesia.

Cuando el apóstol Pablo escribió a la Iglesia de Corinto para enseñar que: *"El cuerpo de Cristo es el templo del Espíritu Santo"* (1 Co. 6:19), se refería a sus cuerpos físicos, pero también se dirigía al cuerpo de los creyentes. La Biblia, además de dirigirse al cuerpo individual y personal de cada hombre y mujer, también habla del cuerpo de Cristo en su conjunto, o sea la Iglesia. La Palabra de Dios es explícita y enfática cuando afirma la profundidad de la relación entre los creyentes, y el daño que puede infringir al resto del cuerpo el pecado de uno solo de los miembros.

"Todos fuimos bautizados por un solo Espíritu para constituir un solo cuerpo... Ahora bien, el cuerpo

no consta de un solo miembro sino de muchos... Si uno de los miembros sufre, los demás comparten su sufrimiento; y si alguno de ellos recibe honor, los demás se alegran con él. Ahora bien, ustedes son el cuerpo de Cristo, y cada uno miembro de ese cuerpo en particular" (1 Co. 12:13,14,26,27).

Con las concesiones que caracterizan a nuestra sociedad, se postula la idea de que las personas deberían poder hacer lo que quieran, cuando quieran y con quien quieran. Los medios de comunicación rinden homenaje a este paradigma comunicando al mundo la falsa idea de la liberación sexual.

Qué tremendo dolor se produjo en el pecho de Manuel al leer esta novena afirmación de las consecuencias de los pecados sexuales, ¿A cuántos de sus discípulos que él estaba formando había dañado permanentemente? ¿Cuántas ovejas fueron devoradas por el lobo cuando Manuel era quitado de sus funciones?

El dolor en el pecho le atormentaba de tal manera que parecía que en cualquier momento su corazón iba a terminar de trabajar. Tuvo que sentarse, ya que estaba a punto de desmayarse, su pecado había afectado, contaminado y dañado al cuerpo de Cristo y probablemente a las ovejas más débiles este pecado las había destruido, desviado o vuelto atrás en su vida personal de crecimiento y de relación con el Todopoderoso.

De algunos sí supo, de otros no sabe, pero se

enterará en la eternidad y acaso ¿el Señor no le pedirá cuentas? Todos estos pensamientos y estas interrogantes sin respuesta resurgían y retumbaban en su mente, de tal manera que perdió la fuerza, se sintió culpable, condenado y sin un camino hacia la restauración y el perdón. Qué tremenda piedra estaba atada a su cuello, de tal manera que sólo comenzó a llorar incontrolablemente... pero no todo estaba dicho, faltaban todavía más partes del proceso.

10.- Son una afrenta al Señorío de Cristo: *"¿No sabéis que vuestros cuerpos son miembros de Cristo? ¿Quitaré, pues, los miembros de Cristo y los haré miembros de una ramera? De ningún modo. ¿O no sabéis que el que se une con una ramera, es un cuerpo con ella? Porque dice: los dos serán una sola carne. Pero el que se une al Señor, un espíritu es con él."* (1 Co. 6:15 -17).

• El pecado sexual, además de incapacitar nuestra propia vida y herir a los demás,

• Además de comprometer nuestra habilidad de encontrar y mantener relaciones sanas,

• Además de permitir la posibilidad de un sufrimiento que no sólo nos afecta a nosotros.

También atenta contra el Santo Señorío de Jesucristo. Ante esta gran verdad Manuel ya no pudo contener el llanto que para estas alturas era inusitado, ¿Cuántas veces el había afrentado al Señorío y a la Santidad de Jesucristo y de su Iglesia? ¿Podría obtener el perdón de Dios y de su esposa? ¿Podrían algún día perdonarle sus hijos? ¿Sus compañeros de trabajo y de ministerio? ¿Su organización? Pero lo que más le preocupaba es ¿Qué decía Dios de él? ¿Le daría acaso alguna ultima oportunidad? Su corazón estaba dolido, su alma quebrantada, su espíritu angustiado y sus pensamientos confundidos.

Capítulo 7
Arrepentimiento Vs. Perdón

Algo en lo íntimo del ser de María la llevó a llamar a Mario, para hacer una cita con él. Manuel recibió una llamada de emergencia de parte de la secretaria de Mario, en donde le pedía que fuera inmediatamente, que le urgía hablar con él. Sin coordinar bien sus pensamientos como pudo llegó a la oficina de Mario, le hicieron pasar inmediatamente y ahí estaba María.

El verdadero arrepentimiento produce dolor, comenzó a argüir Mario ante nuestras interrogantes miradas, ¿A dónde quería llegar?. De pronto mis pensamientos se cortaron y la mirada que sosteníamos María y yo se cortaron porque Mario continúo hablando:

Un dolor profundo que lacera el alma, porque se ha ofendido a los seres que mas amamos, y en este caso fue a Dios, a tu esposa y a tus hijos, si en el ofensor no se da una catarsis de dolor que conlleve al arrepentimiento, no importa cuánto perdón pueda ofrecerse, no va a funcionar la restauración.

Mario lo interpoló; "Tú has intentado en varias ocasiones dejar de fallar, y te has dado cuenta que no has podido hacerlo, es por eso que continuamente repites este círculo vicioso en que has estado viviendo por muchos años, por lo que hemos platicado se, que en esta ocasión estás genuinamente arrepentido y que además estás dispuesto a seguir un tratamiento para la restauración en primer lugar en tu vida y después en tu matrimonio y familia."

"Qué duro es olvidar una infidelidad", he oído decir a distintas personas, llorando porque hacía uno, dos, más años que le pedía a Dios que le hiciera olvidar esta terrible experiencia de sentir "la traición". Sensación de tristeza, desconcierto, porque sucedió con la persona menos esperada, y desde entonces ya nada es igual: "ya no siento lo mismo que antes".

Hay melancolía, pues "la herida" tarda en cerrar, y el dolor puede hacerse insoportable hasta poder decir: "a veces mi cabeza va a estallar." Entonces, se piensa en la separación para huir de esa situación. Todos estos pensamientos y sentimientos rondaban en la mente y el ser interno de María.

Todo esto también lo trata la película "Infiel" (Trolösa) que tiene por directora a Liv Ullmann, y por guionista a Ingmar Bergman, los que en otro tiempo fueron director y musa, además de compañera sentimental. Ahora es ella quien dirige un drama por el que los dos han pasado, ella directora y él ahora guionista.

No se juega ahí con ser "modernos" y decir que hay que ser "auténticos" en una relación y "encontrarse a sí mismo": se va al fondo de la cuestión, hasta llegar a las víctimas del crimen: la revolución sexual ya es historia. En el cine comercial, como dice "Bloggermania.com" en la crítica de este film, se ve "una visión trivial de la infidelidad, que poco tiene que ver con la vida real". Ahí se notan los cineastas de categoría, al abordar con expresión artística el adulterio y sus consecuencias sin ningún barniz acaramelado.

"Infiel" comienza con el relato de un escritor (Erlend Josephson, que representa a Bergman) solitario, en su casa junto al mar, que recuerda una mujer (Lena Endre). Ella aparece y responde a sus preguntas, que se van convirtiendo en el relato de su vida... un matrimonio que se resquebraja, por culpa del amigo íntimo del marido.

La infidelidad será la causa de la infelicidad de todos, especialmente de la hija... (recordemos que Liv y Ingmar tuvieron una hija). Según la propia Ullmann es un "drama psicológico durísimo y muy oscuro... su historia es mi historia, y también la de Bergman... es la historia de todos nosotros, de todos ustedes, porque creo que la película habla de asuntos universales".

Efectivamente, la realidad del adulterio y sus terribles consecuencias son una plaga hoy día, y se plantean cosas tremendas como el resentimiento: "Creo en el perdón, porque toda mi vida he pensado que si no somos capaces de perdonar al otro, por ejemplo a la pareja infiel, la vida no avanza, todo se estanca, será imposible ser feliz de nuevo", sigue diciendo Ullmann.

Se plantean problemas interesantes. Uno de ellos es la irresponsabilidad, que destroza unas vidas por dejarse llevar por la sensualidad, por buscar una "historia más excitante" que la vida ordinaria. La irresponsabilidad viene muchas veces por una excesiva seguridad, y no cuidar las ocasiones previsibles, como dice Cervantes: "…que es de vidrio la mujer pero no debes probar si se puede o no quebrar que todo podría ser…", y lo mismo se puede decir del hombre pues en esto también hay bastante igualdad.

Ante un bien tan sagrado como es el matrimonio, la infidelidad aparece con falsas razones: "No causa ningún mal si hay ignorancia, si el engaño no se llega a saber"... Parece que no pasa nada, pero entonces ya "ha pasado mucho". A eso se llama banalidad, que es una de las caras del mal. Poco a poco, imperceptiblemente se va desmoronando todo, el egoísmo va minando el amor hasta convertirlo en odio y venganza, una pasión que ciega y lleva a la crueldad, destroza todo, como dice el comienzo del film: "No hay ningún fracaso, ni la enfermedad, ni la ruina profesional o económica, que tenga un eco tan cruel y profundo en el subconsciente, como un divorcio. Penetra hasta el núcleo de la angustia, resucitándola. La herida provocada es más profunda que toda una vida" (Botho Strauss). Podría matizarse esta afirmación, pero nos lleva a tomar conciencia de que la ruptura nunca puede ser considerada como un bien en sí misma, ni como la primera opción ante los problemas conyugales. En aquellos casos en que, tras mucho sopesar y recibir Consejo autorizado, se vea como el mal menor, siempre será algo que cause mucho sufrimiento.

Ullmann ve que en un mundo de engaño y falta de verdad, "La deslealtad es un modo de vida que cada vez adoptan más personas. Los principios morales simplemente desaparecen. Hombres y mujeres deciden jugar a un juego de adultos: amémonos al límite, seamos felices juntos, olvidémonos de juzgar qué es bueno y qué es malo". Pero súbitamente todo se desmorona. Viene la tragedia. Todos son infieles entre sí... la víctima resulta ser la niña, la personita que ha sido utilizada en el juego de los adultos, sentada en medio de un carrusel emocional, sin entender cuál es su verdadero papel en la historia.

Esta lucidez choca con los comentarios engañosos que oímos: "No voy a dejar de ser feliz por culpa de los niños..." Sigue Liv con su análisis: "En este nuevo milenio que estrenamos, la deslealtad es un modo de vida que cada vez adoptan más personas"... al final, la muerte. Esta es la parte más negativa de Bergman y de sus películas: en el film aparece un "determinismo", aporta un análisis psicológico de gran calidad, los problemas del hombre, pero no la dirección en la que se encuentran las soluciones, por eso tiene un punto de amargado en su lucidez cerrada a la trascendencia.

En realidad, la vida no es así: no somos "inamovibles", siempre hay la posibilidad de recomenzar, hay voluntad de poder querer: esto es la libertad. La felicidad pasa por aceptar a las personas como son, eso es querer. ¿Y qué pasa cuando el cónyuge es infiel? Hay motivos para separarse de él, si se quiere: pero es la última solución. Hay derecho a la ruptura, pero quien tiene fe –y todos podemos pedirla- ve en la desgracia una Cruz, un camino de encuentro con Jesús, de ser feliz. Muchas separaciones son precipitadas, se dice "me he liberado" -tanto ellas como ellos-, y luego es peor porque la liberación no viene de huir de las dificultades, la auténtica libertad viene de asumir compromisos y en definitiva de la fidelidad.

La felicidad está en darse en un compromiso de amor. Quizá sea el momento de descubrir qué es el verdadero amor, que exige a cada cónyuge que asuma y responda realmente a su vocación. Quizá sea el momento de profundizar en las raíces de la herida que la vida conyugal ha sufrido, para pedir a Dios que sane y alimente cada vez

"Hoy María estás ante una encrucijada que sólo tiene dos caminos a escoger, el primero parece ser el más fácil, y es dejarlo todo, huir, no enfrentarlo, y dejar de luchar, y nadie podría culparte por eso; muchos saben que tú has perdonado ya en 3 ocasiones a Manuel, así es que tú eres una heroína, una mujer valerosa como pocas hay en esta vida, y realmente te admiro por eso", le dijo Mario, Manuel estaba absorto en el profundo dolor que laceraba su pecho.

"Pero una vez más te pido que regales el perdón a Manuel, y precisamente te pido que se lo regales, porque él no se lo merece, nadie se merece ser perdonado, por eso el perdón es un regalo; y así como Jesucristo nos ha perdonado, nos pide que también perdonemos a los que nos ofenden; porque el tanto que nosotros perdonemos a nuestros agresores, es el tanto que Dios nos va a perdonar a nosotros" Continuó Mario tratando de convencer a María.

Yo creo que ustedes recuerdan cuando Pedro uno de los discípulos de Jesús, le preguntó: ¿Hasta cuántas veces debo perdonar a mi agresor? Y sin esperar respuesta, ya ven que el era muy atrabancado, se contestó así mismo, ¿hasta siete? El Señor Jesucristo le dijo, no te digo hasta siete, sino setenta veces siete. En este pasaje el Señor Jesucristo estaba usando una figura de dicción llamada hipérbole, que es una exageración, lo que realmente estaba declarando es: no importa cuántas veces te ofendan, tú debes perdonar, si en verdad eres mi discípulo.

Tanto el arrepentimiento como el perdón, no son sentimientos, son decisiones personales que cada uno debe de tomar, hagan de cuenta que cada una de estas actitudes son una de las muletas que necesita un matrimonio que no puede caminar, si no se cuentan con las dos, se va a cojear demasiado y va a ser muy difícil, (más bien imposible) la restauración.

Manuel tú te has dado cuenta de que ya en varias ocasiones María te ha dado el regalo del perdón, pero tú lo has tirado una y otra vez y ¿sabes por qué? Porque no te has arrepentido genuinamente y porque no has tomado la determinación de no volver a fallarle a Dios, a tu esposa y a tus hijos en primera instancia, amén de todas las implicaciones que lleva un pecado como lo es el adulterio, creo que ya leíste el costo que tiene la infidelidad, y es un costo demasiado elevado; pero tú nunca lo habías considerado, pero sé que a partir de ahora siempre lo vas a tener presente.

Y no me digas que es porque María no te ha satisfecho como mujer, o que si tu madre hubiera sido más cariñosa de lo que fue, o si tu padre te hubiera enseñado o te hubiera dedicado más tiempo. Para empezar quiero decirte que el 'hubiera" no existe, y que como dice Amado Nervo: "Veo al final de mi rudo camino que yo fui el arquitecto de mi propio destino". Así que Manuel no tienes ninguna justificación y quiero que por primera vez asumas tu responsabilidad y que reconozcas que si has cometido adulterio es porque es la decisión que tú has tomado. Por lo tanto Manuel si tú no te arrepientes genuinamente y no determinas (con tu propia voluntad) el libre albedrío que Dios te dio, no volver a cometer adulterio como paso inicial del proceso de restauración, no puedo ayudarte, y no importa cuántas veces María te vuelva a regalar su perdón, tú no vas a cambiar porque no lo has decidido.

En ese momento el dolor del pecho en Manuel se hizo más intenso y continuo llorando a mares, el dolor emocional y de arrepentimiento era tan fuerte que le afectaba físicamente, por primera vez Manuel se arrepintió genuinamente y tomó una determinación delante del

Shadai (el Dios de los grandes pechos) el gran consolador, de no volver a cometer adulterio. Si en este momento tú; que estás leyendo este libro, necesitas arrepentirte, te voy a pedir que hagas esta oración:

*Señor Jesucristo reconozco que todo este tiempo
he estado alejado de ti, Y por eso he dado rienda suelta
a mis perversiones y pasiones,
por lo que he cometido adulterio,
masturbación, he visto pornografía,
he practicado ciber sexo,
(y todos los demás pecados sexuales
que has cometido menciónalos por nombre).
Ahora perdóname,
me arrepiento de esta mi maldad,
y de todo el daño que he ocasionado al cuerpo de Cristo,
a mi amada esposa, a mis hijos y aun
a muchos más que ni siquiera me he dado cuenta.
Ahora entra en mi corazón y toma tú el control
(te lo entrego totalmente) De mi cuerpo, de mis deseos y
de mis pasiones, para que a partir de ahora,
todo lo que haga sea de palabra, pensamiento y
hecho te glorifique a ti. AMEN.*

Manuel terminó de hacer esta oración y María se unió a él en un abrazo de llanto profundo, y le dijo con ternura, te perdono Manuel, vamos a luchar juntos, pero no vamos a permitir que el diablo destruya nuestro hogar y que termine separando lo que Dios en la eternidad unió, a ti y a mi.

Ahora los dos estaban dispuestos a comenzar de nuevo, María y Manuel, estaban comenzando el proceso, ya que para concluir una restauración total, se requiere de dos voluntades, de dos corazones y de una entrega total de parte de cada uno, a partir de ahora cada uno tenía que poner un 100% de su voluntad, de sus intereses, y de su esfuerzo para lograr terminar lo que Dios quería, un matrimonio hasta que la muerte los separe.

Esto no quiere decir que todo es fácil, ni que para Manuel y María todo sería color de rosa, pero el primer paso estaba dado, ahora comenzaba el trabajo...

Manuel, le dijo Mario, te voy a dar una copia del decálogo del Adultero Anónimo, para que lo comiences a leer, y a memorizar, que cada uno de ellos nos va a servir como paso para el proceso de restauración.

María, cuando considere necesario les voy a llamar a los dos, pero quiero decirte que ya te he canalizado con una colega mía para que te esté tratando y ministrando, para sanar totalmente tus heridas, pero de todas maneras te estaré informando sobre cada uno de los avances que Manuel vaya teniendo en el proceso. Tú serás siempre la primera en ser informada.

Manuel tomó la copia que le diera Mario y la guardó en su portafolio para leerlo en su casa. Al llegar a su casa, Manuel y María, leyeron en voz alta el manuscrito que decía lo siguiente:

Decálogo del Adúltero

(Los 10 Pasos de los Adúlteros Anónimos).

1. Reconoce Que eres adúltero y que es un problema que no lo has podido vencer.

2. Confiesa que has reconocido tu problema y que estás dispuesto a luchar para erradicarlo de tu vida.

3. Vive día a día. Hoy es un día en que te propones no adulterar; no te preocupes por el ayer que ya pasó, ni por el mañana que no sabemos si vendrá, hoy es el día que tienes para vivir y para vencer.

4. Formatea tus pensamientos. No dejes que los mismos pensamientos de antes controlen tu mente, sino por el contrario piensa en todo lo bueno, en todo lo puro y en todo lo que es de buen nombre.

5. Pide la ayuda divina. Ora, clama o reza al Todopoderoso, para que el día de hoy puedas desarrollar el autocontrol mental, emocional y físico y puedas vencer al adulterio que te ha estado dominando.

6. Camina acompañado. Es necesario que tengas a un amigo(a) o compañero(a) (de tu mismo sexo) para que te ayude en los momentos de lucha y de debilidad.

7. Da cuentas de tu vida. Intégrate a un grupo, club o iglesia en donde tengas que entregar cuentas (dar un reporte) de cómo te está yendo en la solución de tu problema.

8. Comparte tu experiencia. Testifica y anima a otros que están atravesando el mismo problema, para decirles que sí se puede vencer y que el problema del adulterio tiene solución.

9. Valora tu nueva vida. Ahora tu vida tiene un nuevo sentido, tienes una nueva oportunidad, así es que aprovéchala al máximo, para restaurar, perdonar y volver a vivir con esperanza.

10. Da gracias. Cada día por la noche, da gracias al Todopoderoso, por el día que has vivido y cómo has podido vencer el día de hoy al demonio del adulterio.

El día estaba llegando a su ocaso, Manuel y María, se tomaron de las manos, no dijeron una sola palabra, pero sabían que ahora estaban comenzando una nueva etapa en sus vidas, que los debería llevar a un feliz término. Reconocían que no sería un trabajo fácil, que el camino que ahora estaban iniciando era cuesta arriba, pero sabían que con la ayuda del Dios, con la comprensión y cariño de ambos y con el apoyo de Mario y de sus pastores, las cosas iban a cambiar.

El día había comenzado muy agitado, con sentimientos encontrados, con resentimientos, dolor, angustia y quebranto, pero estaba terminando con una luz al final del túnel, con una nueva esperanza, con ilusiones, con un nuevo pacto y compromiso entre ellos, y de ellos con Dios, por lo tanto el gozo estaba por delante, la victoria se acercaba a pasos agigantados y la sombras de ayer comenzaban a desaparecer, al menos eso pensaban ellos…

Capítulo 8
¿Un nuevo día?

Literalmente un nuevo día estaba comenzando, en sus ánimos, en sus esperanzas, en sus ilusiones. Manuel después de desayunar junto con sus hijos Adrianita, Manuelito y su esposa, se despidió de ellos, porque ahora tenía que buscar un nuevo trabajo, tenía que comenzar a poner en orden sus pensamientos y a tomar decisiones en pro de la familia.

Caminó todo el día, una semana completa hasta que llegó el fin de mes sin ningún buen resultado, las puertas estaban cerradas, sentía que los cielos ahora eran de bronce, había incomodidad en su casa, no se sentía con libertad de comer, de tomar agua, de descansar, al final de cuentas él mismo se decía: "¿Descansar de qué? Si no estoy trabajando".

Ese día en particular se sentía más desanimado y frustrado que antes en toda su vida, parecía que el cielo era negro, sentía que todos lo veían juzgándolo por el pasado vivido, seguía buscando trabajo, pero los ánimos estaban por los suelos, habían pasado ya más de 10 meses, entre los cuales sólo había trabajado unos 5 meses y medio, no encontraba trabajo relacionado con su área, así es que lo que le venía a la mano para hacer lo hacía.

María y sus hijos, toleraban estóicamente el sufrimiento y ahora la escasez, que la vida les estaba cobrando, y que el pecado de su padre y esposo respectivamente les estaba haciendo pagar a ellos, sin ser responsables en nada del asunto. A veces había ambiente de hostilidad, de reclamos, de falta de sujeción, Manuel la mayoría de las veces soportaba todas las diferentes actitudes, pero a veces no aguantaba y gritaba, vociferaba, y todo terminaba mal, después venía el arrepentimiento, la reconciliación y el perdón, pero no se podía continuar viviendo así.

María a estas alturas se preguntaba muchas veces: "¿Habrá valido la pena volver a intentarlo? ¿Será que me equivoqué otra vez?" Y sus hijos muchas veces pensaban lo mismo. Por su lado Manuel sentía haber perdido su autoridad, y esa autoridad no le había sido devuelta ni por María, ni por sus hijos.

Ese día en especial, recordó que hacía algunos meses su pastor le había ministrado con oración, y consejería, y que le dio dos artículos que trataban sobre el adulterio y que él todavía no había leído, así que se encerró en su recámara, para que nadie lo molestara, ya que él consideraba que independientemente de todas las circunstancias que estuviera viviendo, los conflictos que estaba enfrentado, y la crisis que parecía acosarlo día a día, él había determinado jamás volver a fracasar, ni a fallar cometiendo infidelidad o adulterio, por respeto a sí mismo, a su familia (esposa e hijos), a su iglesia, a su organización y a Dios.

Capítulo 9
El adulterio y la sociedad

El séptimo mandamiento dice: "No cometerás adulterio". Sin embargo, este pecado ha sido cometido a lo largo de toda la historia. Hoy, sin embargo, el adulterio parece más descontrolado que nunca. Entretanto, historias en los periódicos sensacionalistas informan sobre los amoríos de políticos, millonarios y estrellas de cine, y películas como "El paciente inglés", "El príncipe de las mareas" o "Los puentes de Madison" incluyen y aun promueven el adulterio.

¿Qué tan extendido está el adulterio? Dos de los estudios más confiables llegan a conclusiones similares. El Informe Janus sobre el Comportamiento Sexual estima que "más de un tercio de los hombres y un cuarto de las mujeres reconocen haber tenido al menos una experiencia sexual extramarital".

Una encuesta hecha por el Centro de Investigación de

la Opinión Nacional de la Universidad de Chicago encontró porcentajes menores: el 25 por ciento de los hombres y el 17 por ciento de mujeres había sido infiel. Aún cuando se apliquen estas proporciones menores a la población adulta actual, esto significa que unos 19 millones de esposos y 12 millones de esposas han tenido una aventura.

Independientemente de las cifras reales, el punto a destacar es que el adulterio es mucho más común de lo que nos gustaría admitir. El terapeuta familiar y psiquiatra Frank Pittman cree que "tal vez haya tantos actos de infidelidad en nuestra sociedad como existen accidentes de tránsito". Además, sostiene que el hecho de que el adulterio se haya vuelto algo habitual ha alterado la percepción que tiene la sociedad de él. Dice: "No vamos a volver a los tiempos en que los adúlteros eran puestos en un cepo y humillados públicamente, ni convertirnos en una de esas sociedades -de las que hay muchas- donde el adulterio se castiga con la muerte. La sociedad, en todo caso, no puede hacer cumplir una regla que viola la mayoría de las personas, y la infidelidad es tan común que ya no es una conducta desviada".

Tal vez usted esté pensando: "Esto es sólo un problema entre los no cristianos de la sociedad. No puede ser un problema en la iglesia. Ciertamente las normas morales de los cristianos son más elevadas". Bueno, hay evidencia creciente de que el adulterio es, también, un problema en círculos cristianos. Un artículo en un número de 1997 de la revista Newsweek señaló que varias encuestas sugieren que el 30 por ciento de los ministros protestantes varones han tenido relaciones sexuales con mujeres distintas de sus esposas.

El Journal of Pastoral Care, en 1993, publicó una encuesta entre pastores bautistas del Sur en la que el 14 por ciento reconoció haber participado en "Conducta sexual impropia de un ministro". También informó que el 70 por ciento había aconsejado al menos a una mujer que había tenido relaciones con otro ministro.

En 1988, una encuesta entre casi 1000 clérigos protestantes de la revista Leadership encontró que el 12 por ciento reconoció haber tenido relaciones sexuales fuera del matrimonio, y que el 23 por ciento había hecho algo sexualmente impropio con alguien que no era su cónyuge. Los investigadores entrevistaron también a casi 1000 suscriptores de Christianity Today que no eran pastores. Encontraron que los números eran casi el doble: el 45 por ciento dijo haber hecho algo sexualmente inadecuado, y el 23 por ciento había tenido relaciones extramaritales.

El adulterio está en la sociedad y ahora está en la iglesia. Veremos ahora algunos de los mitos que rodean las aventuras extramaritales, con el único objetivo de justificarlo.

Capítulo 10
Mitos acerca del adulterio

La infidelidad marital destruye matrimonios y familias, y a menudo conduce al divorcio. El sentimiento público contra el adulterio es, en realidad, bastante fuerte, ya que aproximadamente ocho de cada diez estadounidenses no están de acuerdo con el adulterio.

Pero, aun cuando la mayoría de las personas consideran que el adulterio está mal y saben que puede ser devastador, nuestra sociedad perpetúa todavía varias mentiras acerca del adulterio a través de una mitología popular sobre los amoríos extramaritales. En este punto, queremos examinar algunos de los mitos sobre el adulterio.

Mito número 1: "*El adulterio tiene que ver con el sexo*". A menudo, justamente lo contrario es cierto. Cuando se descubre una aventura sexual, los que la observan dicen: "¿Qué le vio a ella?" o "¿Qué le vio a él?". Frecuentemente, el sexo es mejor en casa, y la pareja matrimonial es por lo menos tan atractiva como la pareja adúltera.

Ser bonita, apuesto o sensual no suele ser lo más importante. Las parejas de las aventuras no suelen escogerse porque sean más bonitas, apuestos o sexys. Suelen escogerse por diversos tipos de razones extrañas y no sexuales. Generalmente, la otra mujer o el otro hombre en una relación adúltera satisfacen necesidades que no satisface el cónyuge en el matrimonio.

El Dr. Willard Harley, en su libro His Needs, Her Needs: Building an Affair-Proof Marriage (Las necesidades de él, las necesidades de ella: Cómo construir un matrimonio a prueba de amoríos) indica cinco necesidades básicas del hombre y cinco necesidades básicas de la mujer. Él cree que las necesidades insatisfechas de cualquiera de los integrantes de la pareja son una causa importante de las aventuras extramaritales. También encontró que las personas se involucran en estos amoríos con una asiduidad asombrosa, a pesar de las fuertes convicciones morales o religiosas que puedan tener. La falta de realización en una de estas áreas emocionales básicas crea un vacío peligroso en la vida de una persona. Y, lamentablemente, muchos terminarán por llenar esa necesidad fuera del matrimonio.

Frank Pittman, autor del libro Private Lies: Infidelity and the Betrayal of Intimacy (Mentiras privadas: La infidelidad y la traición de la intimidad), encontró en su propio estudio personal que muchos de sus pacientes que tenían aventuras tenían una buena vida sexual, pero provenían de matrimonios con poca o ninguna intimidad. Concluyó que: "Las aventuras tenían, por lo tanto, una probabilidad tres veces mayor de ser la búsqueda de un compinche que de un mejor orgasmo".

El sexo puede no estar involucrado en algunos amoríos. La relación podría ser meramente un vínculo emocional. La consejera Bonnie Weil advierte que estas denominadas "aventuras del corazón"" pueden ser aún más traicioneras que el tipo puramente físico. "Las mujeres, en especial, tienden a dejar a sus esposos cuando sienten un fuerte vínculo emocional con otro hombre".

Mito número 2: *"El adulterio tiene que ver con el carácter"*. En el pasado, la sociedad despreciaba a los alcohólicos como personas que tenían un carácter débil debido a su problema. Ahora lo consideramos como una adicción o aun una enfermedad. Si bien esto no justifica el comportamiento, podemos ver que no puede ser rotulado simplemente como un problema de carácter.

Hay evidencia psicológica creciente de que el comportamiento adúltero en los padres afecta dramáticamente a los hijos cuando llegan a la adultez. Así como el divorcio en una familia influye en la probabilidad de que los niños adultos consideren el divorcio, el comportamiento adúltero de los padres parece generar un comportamiento similar en sus hijos. ¿Acaso no es éste un ejemplo más de la enseñanza bíblica de que los pecados de una generación recaen sobre la siguiente?

Mito número 3: *"El adulterio es terapéutico"*. Algunos de los libros de psicología y revistas para mujeres que circulan en nuestra cultura promueven las aventuras extramaritales como positivas. Este mito de que una aventura puede reavivar un matrimonio aburrido es una mentira devastadora. Según la fuente que esté leyendo, una aventura hará lo siguiente: lo hará un mejor amante, lo ayudará a enfrentar su crisis de la edad media, traerá alegría a su vida o volverá a traer un poco de emoción a su matrimonio. Nada podría estar más lejos de la verdad. Una aventura podrá darle más sexo, pero podría darle también una enfermedad de transmisión sexual. Podría darle más emoción a su matrimonio, si para usted un divorcio en la corte es emocionante. Recuerde que el adulterio termina en divorcio el 65 por ciento de las veces. "Para la mayor parte de las personas y la mayoría de los matrimonios, la infidelidad es peligrosa".

Mito número 4: *"El adulterio es inofensivo"*. Las películas son tan solo uno de los lugares donde el adulterio ha sido promovido como algo positivo. "El paciente inglés" recibió doce nominaciones al Oscar, incluyendo mejor película del año, por su descripción de una relación adúltera entre un apuesto conde y la esposa inglesa de su colega. "Los puentes de Madison" relata la historia de la esposa de un granjero de Iowa que tiene una breve aventura extramarital con un fotógrafo de la revista National Geographic que supuestamente la ayudó a dinamizar su matrimonio. "El príncipe de las mareas" recibió siete nominaciones al Oscar y muestra a un terapeuta casado que se acuesta con su paciente, también casada.

Nota los eufemismos que ha desarrollado la sociedad a lo largo de los años para disculpar o suavizar la percepción del adulterio. Muchos no se pueden repetir, pero entre los que se pueden mencionar se encuentra: andar de juerga, dormir por ahí, tener una aventura, echar una cana al aire, escarceos amorosos. Algunos han llegado a sugerir que es simplemente una actividad recreativa, como jugar al fútbol o ir al cine.

El sexo prohibido es una adicción que puede y suele tener consecuencias devastadoras para una persona y una familia. El adulterio hace pedazos la confianza, la intimidad y la autoestima. Destruye familias, arruina carreras y deja una estela de dolor y destrucción a su paso. Este legado potencial de dolor emocional para los hijos de una persona debería ser suficiente para que se detenga y cuente el costo antes de que sea demasiado tarde.

Aun cuando los amoríos nunca se expongan, hay costos emocionales involucrados. Por ejemplo, las parejas adúlteras privan a sus cónyuges de la energía y la intimidad que deberían dedicarse al matrimonio. Engañan a sus parejas y se vuelven deshonestas acerca de sus sentimientos y acciones. Como dice Frank Pittman: *"La infidelidad no está en el sexo necesariamente, **sino en el secreto**. No se trata de la persona con quien te acuestas sino a quien le mientes"*.

Mito número 5: *"El adulterio tiene que terminar en divorcio"*. Sólo alrededor del 35 por ciento de las parejas permanecen juntas una vez descubierta la aventura adúltera; el 65 por ciento restante se divorcia. Tal vez nada puede destruir un matrimonio más rápidamente que la infidelidad marital.

    La buena noticia es que no tiene que ser así. Una consejera dice que el 98 por ciento de las parejas que trata permanecen juntas luego del asesoramiento. Si bien reconocemos que este índice de éxitos no es fácil de lograr y requiere decisiones morales y el perdón inmediatos, lo que sí demuestra es que el adulterio no tiene que terminar en el divorcio.

Capítulo 11
Cómo prevenir el adulterio

Las necesidades de ella

¿Cómo puede una pareja prevenir el adulterio? El Dr. Willard Harley, en su libro His Needs, Her Needs: Building an Affair-Proof Marriage (Las necesidades de él, las necesidades de ella: Cómo construir un matrimonio a prueba de amoríos) brinda algunas respuestas. Él encontró que los matrimonios que no logran satisfacer las necesidades de un cónyuge son más vulnerables a una aventura extramarital. A menudo, la falta de satisfacción mutua de las necesidades de los hombres y las mujeres se debe a una falta de conocimiento antes que una egoísta renuencia a ser atentos.

Satisfacer las necesidades es críticamente importante porque, en los matrimonios que no suplen las necesidades, es llamativo y alarmante cuán consistentemente las personas casadas buscan saciar sus necesidades insatisfechas a través de una aventura extramarital. Si alguna de las cinco necesidades básicas de un cónyuge no es satisfecha, ese cónyuge se vuelve vulnerable a la tentación de una aventura.

Las cinco necesidades de la esposa.

La primera necesidad es de afecto. Para la mayoría de las mujeres, el afecto simboliza seguridad, protección, consuelo y aprobación. Cuando un esposo muestra afecto a su esposa, le está enviando los siguientes mensajes:

(1) Te voy a cuidar y proteger.
(2) Me interesan tus problemas, y estoy contigo.
(3) Has hecho un buen trabajo, estoy orgulloso de ti.

Los hombres necesitan entender cuán fuertemente las mujeres necesitan estas afirmaciones. Para la esposa típica, difícilmente pueda recibir suficientes. Un abrazo puede comunicar todas las afirmaciones del párrafo anterior. Pero el afecto puede demostrarse de muchas formas, pueden ser: besos, tarjetas, flores, cenar afuera, abrir la puerta del coche, tomarse de las manos, caminatas luego de cenar, masajes en la espalda, llamadas telefónicas. Hay mil formas de decir "te quiero". Desde el punto de vista de una mujer, el afecto es el pegamento esencial de su relación con un hombre.

La segunda necesidad es la conversación. Las esposas necesitan que sus esposos les hablen y las escuchen. Necesitan mucha conversación de doble vía. En el tiempo de sus citas antes del matrimonio, la mayoría de las parejas pasan tiempo demostrándose afecto y conversando. Esto no debería abandonarse luego del casamiento. Cuando dos personas se casan, cada integrante de la pareja tiene derecho a esperar que el mismo cuidado y atención amorosos que prevalecían durante el noviazgo continúen después del casamiento. El hombre que toma tiempo para hablar a una mujer tiene el camino abierto a su corazón.

La tercera necesidad es de sinceridad y franqueza. Una esposa necesita confiar en su esposo plenamente. Un sentido de seguridad es la trama común entretejida a través de cada una de las cinco necesidades básicas de una mujer. Si un esposo no mantiene una comunicación sincera y franca con su esposa, socava su confianza y termina por destruir su seguridad.

Para sentirse segura, una esposa debe confiar en que su esposo le dará información precisa acerca de su pasado, el presente y el futuro. Si ella no puede confiar en las señales que él le envía, no tiene ningún fundamento sobre el cual construir una relación sólida. En vez de adaptarse a él, se siente desequilibrada; en vez de acercarse cada vez más a él, se aleja de él.

El compromiso financiero es una cuarta necesidad que experimenta una mujer. Ella necesita tener el dinero suficiente como para vivir cómodamente; necesita apoyo financiero. No importa cuán exitosa pueda ser la carrera de una mujer, en general ella quiere que su esposo gane el dinero suficiente como para permitirle sentirse apoyada y cuidada.

La quinta necesidad es el compromiso familiar. Una esposa necesita que su esposo sea un buen padre y tenga un compromiso con la familia. La vasta mayoría de mujeres que se casan tienen un poderoso instinto para crear un hogar y tener hijos. Sobre todo, las esposas quieren que sus esposos asuman un papel de liderazgo en su familia y se comprometan con el desarrollo moral y educativo de sus hijos.

Las cinco necesidades de los esposos.

La primera es la satisfacción sexual. La esposa típica no entiende la profunda necesidad que tiene su esposo del sexo así como el típico esposo entiende la profunda necesidad de afecto de su esposa. Pero estos dos ingredientes pueden trabajar muy estrechamente en un matrimonio feliz y realizado. El sexo puede ocurrir naturalmente y frecuentemente si hay suficiente afecto.

La segunda necesidad de un hombre es el compañerismo recreativo. Él necesita que ella sea su compañera de juego. No es infrecuente que las mujeres, cuando son solteras, acompañen a los hombres en lo que a ellos les interesa. Se encuentran practicando la caza, la pesca, jugando al fútbol o viendo deportes o películas que nunca hubieran escogido por su cuenta.

Luego del casamiento, las mujeres a menudo tratan de interesar a sus esposos en actividades más de su propio gusto. Si fracasan sus intentos, tal vez alienten a sus esposos a continuar sus actividades recreativas sin ellas.

Pero esta opción es muy peligrosa para un matrimonio, porque los hombres dan una importancia sorprendente a tener a sus esposas como compañeras de recreación. Entre las cinco necesidades básicas masculinas, para el esposo típico, pasar tiempo de recreación con su esposa solo es superado por el sexo.

La tercera necesidad de un esposo es una esposa atractiva. Un hombre necesita una esposa que a él le guste. El Dr. Harley dice que, en las relaciones sexuales, la mayoría de los hombres encuentran que es casi imposible apreciar a una mujer por sus cualidades interiores solamente; debe haber más. La necesidad de un hombre del atractivo físico de su compañera es profunda.

La cuarta necesidad de un hombre es el apoyo doméstico. Él necesita paz y quietud. Es tan profunda la necesidad que tiene un esposo de apoyo doméstico de su esposa que a menudo fantasea sobre cómo ella lo recibirá amorosamente y agradablemente a la puerta, y sobre hijos que se portan bien y que también están contentos de verlo y recibirlo en la comodidad de un hogar bien mantenido.

La fantasía continúa. Su esposa lo lleva a sentarse y relajarse antes de participar de una sabrosa cena. Más tarde, la familia comparte una caminata a la noche, y él vuelve y acuesta a los niños sin inconvenientes o problemas. Luego él y su esposa se relajan, charlan y tal vez ven un poco de televisión hasta retirarse a una hora razonable para amarse. A las esposas tal vez les cause gracia este escenario, pero esta visión es bastante frecuente en las vidas de fantasía de muchos hombres. La necesidad masculina de que la esposa "se ocupe de las cosas" -especialmente él- es generalizada, persistente y profunda.

La quinta necesidad es admiración. Él necesita que ella esté orgullosa de él. Las esposas necesitan aprender a expresar la admiración que sienten por sus esposos, en vez de presionarlos para obtener mayores logros. La admiración sincera es un gran motivador para los hombres. Cuando una mujer dice a un hombre que él es maravilloso, eso lo inspira a lograr más. Se considera capaz de manejar nuevas responsabilidades y perfeccionar habilidades mucho más allá de su nivel actual.

Si alguna de las cinco necesidades básicas de un cónyuge queda sin satisfacer, esa persona se vuelve vulnerable a la tentación de una aventura. Por lo tanto, la mejor forma de prevenir el adulterio es satisfacer las necesidades de su cónyuge y fortalecer su matrimonio*.

Ahora podía entender un poco más Manuel a su esposa, que no se sentía apoyada económicamente, especialmente en este tiempo en que sus trabajos eran solamente esporádicos, y parecía ser que pasaba más tiempo sin trabajar, que el tiempo que permanecía trabajando.

Todos estos principios, ahora cobraban vida en la mente y el corazón de Manuel, y los llevaba acabo lo más pronto que podía. Ahora entendía los principios del matrimonio, y que su propósito final al casarse era hacer feliz a María, satisfacerla y completarla totalmente.

* Notas
1. Samuel Janus and Cynthia Janus, The Janus Report on Sexual Behavior (New York: John Wiley and Sons, 1993), 169.
2. Joannie Schrof, "Adultery in America," U.S. News and World Report, 31 Aug. 1998, 31.
3. Frank Pittman, Private Lies: Infidelity and the Betrayal of Intimacy (New York: Norton, 1989), 117.
4. Ibid., 13.
5. Kenneth Woodward, "Sex, Morality and the Protestant Minister," Newsweek (28 July 1997), 62.
6. "How Common Is Pastoral Indiscretion?" Leadership (Winter 1988), 12.
7. En esta encuesta, se les preguntó a los estadounidenses: "¿Qué opina acerca de que una persona casada tenga relaciones sexuales con alguien que no es su cónyuge?". Sus respuestas: el 79% contesto "siempre está mal" y un 11% contestó "casi siempre está mal". Citado en "Attitudes on Adultery," USA Today/CNN/Gallup Poll, 1997.
8. Pittman, 122.
9. Bonnie Eaker Weil, Adultery: The Forgivable Sin (Norwalk, Conn.: Hastings House, 1994), 9.
10. Pittman, 37.
11. Ibid., 53.

Capítulo 12
¿Qué dijo Jesucristo sobre el adulterio?

Ahora que los valores de Manuel estaban cambiado, que sus principios estaban cimentándose, ahora que su Código de Honor estaba estableciendo sus reglas para ponerlo por obra, le era necesario e indispensable, conocer el pensamiento de Jesús sobre este tema tan escabroso, para que ya no tuviera duda alguna de que el adúltero, el engañador, el mentiroso, el infiel no son del agrado de Dios.

Análisis de las palabras del Sermón de la Montaña referentes al adulterio

En el Sermón de la Montaña, Cristo dice: *"Habéis oído que fue dicho no adulterarás. Pero yo os digo que todo el que mira a una mujer deseándola ya adulteró con ella en su corazón"* (Mt.5:27-28).

Desde hace algún tiempo tratamos de penetrar en el significado de esta enunciación, analizando cada uno de sus componentes para comprender mejor el conjunto del texto.

Cuando Cristo habla del hombre que "mira para desear", no indica sólo la dimensión de la intencionalidad de "mirar", por tanto del conocimiento concupiscente, la dimensión "psicológica", sino que indica también la dimensión de la intencionalidad de la existencia misma del hombre. Ese decir, demuestra quién "es", o más bien, en quién "se convierte", para el hombre, la mujer a la que él "mira con concupiscencia". En este caso la intencionalidad del conocimiento determina y define la intencionalidad misma de la existencia.

En la situación descrita por Cristo, esa dimensión pasa unilateralmente del hombre, que es sujeto, hacia la mujer, que se convierte en objeto pero esto no quiere decir que esa dimensión sean solamente unilateral; por ahora no invertimos la situación analizada, ni la extendemos a ambas partes, a los dos sujetos. Detengámonos en la situación trazada por Cristo, subrayando que se trata de un acto "puramente interior", escondido en el corazón y fijo en los umbrales de la mirada.

Basta constatar que en este caso la mujer la cual, a causa de la subjetividad personal existe perennemente "para el hombre" esperando que también él, por el mismo motivo, exista "para ella" queda privada del significado de su atracción en cuanto persona, la cual, aún siendo propia del "eterno femenino", se convierte, al mismo tiempo, para el hombre solamente en objeto de: esto es, comienza a existir intencionalmente como objeto de potencial satisfacción de la necesidad sexual inherente a su masculinidad. Aunque el acto sea totalmente interior, escondido en el corazón y expresado sólo por la "mirada", en el se realiza ya un cambio (subjetivamente unilateral) de la intencionalidad misma de la existencia. Si no fuese así, si no se tratase de un cambio tan profundo, no tendrían sentido las palabras siguientes de la misma frase: *"Ya adulteró con ella en su corazón"* (Mt. 5: 28).

Ese cambio de la intencionalidad de la existencia, mediante el cual una determinada mujer comienza a existir para un determinado hombre, no como sujeto de llamada y atracción personal o sujeto de "comunión", sino exclusivamente como objeto de potencial satisfacción de la necesidad sexual, se realiza en el corazón en cuanto que se ha realizado en la voluntad. La misma intencionalidad cognoscitiva no quiere decir todavía esclavitud del "corazón". Sólo cuando la reducción intencional, que hemos ilustrado antes, arrastra a la voluntad a su estrecho horizonte; cuando suscita su decisión de una relación con otro ser humano (en nuestro caso, con la mujer) según la escala de valores propia de la "concupiscencia", sólo entonces se puede decir que el "deseo" se ha enseñoreado también del "corazón". Sólo cuando la "concupiscencia" se ha adueñado de la voluntad es posible decir que domina en la subjetividad de la persona y que está en la base de la voluntad y de la posibilidad de elegir o decidir, a través de la cual, en virtud de la autodecisión o autodeterminación se establece el modo mismo de existir con relación a otra persona. La intencionalidad de semejante existencia adquiere entonces una plena dimensión subjetiva.

Sólo entonces esto es, desde ese momento subjetivo y en su prolongación subjetiva es posible confirmar lo que leímos, por ejemplo, en el Sirácida (23, 17ss) acerca del hombre dominado por la concupiscencia, y que leemos con descripciones todavía más elocuentes en la literatura mundial. Entonces podemos hablar también de esa "constricción" más o menos completa que por otra parte se llama "constricción del cuerpo" y que lleva consigo la pérdida de la "libertad del don" connatural a la conciencia profunda del significado esponsalicio del cuerpo, del que hemos hablado también en los análisis precedentes.

Cuando hablamos del "deseo" como transformación de la intencionalidad de una existencia concreta, por ejemplo, del hombre, para el cual (según Mt. 5: 27-28) una mujer se convierte sólo en objeto de potencial satisfacción de la "necesidad sexual" inherente a su masculinidad, no se trata en modo alguno deponer en cuestión esa necesidad, como dimensión objetiva de la naturaleza humana con la finalidad procreadora que le es propia.

Las palabras de Cristo en el Sermón de la Montaña (en todo su amplio contexto) están lejos del maniqueísmo, como también lo está la auténtica tradición cristiana. En este caso, no pueden surgir, pues, objeciones sobre el particular. Se trata, en cambio, del modo de existir del hombre y de la mujer como personas, o sea, de ese existir en un recíproco "para", el cual incluso basándose en lo que según la objetiva dimensión de la naturaleza humana, puede definirse como "necesidad sexual" puede y debe servir para la construcción de la unidad" de comunión" en sus relaciones recíprocas. En efecto, éste es el significado fundamental propio de la perenne y recíproca atracción de la masculinidad y de la feminidad, contenida en la realidad misma de la constitución del hombre como persona, cuerpo y sexo al mismo tiempo.

A la unión o "comunión" personal, a la que están llamados "desde el principio" el hombre y la mujer recíprocamente, no corresponde, sino más bien estar en oposición, la circunstancia eventual de que una de las dos personas exista sólo como sujeto de satisfacción de la necesidad sexual y la otra se convierta exclusivamente en objeto de esta satisfacción. Además, no corresponde a esta unidad de "comunión" más aún, se opone a ella el caso de que ambos, el hombre y la mujer, existan mutuamente como objeto de la satisfacción de la necesidad sexual y cada una, por su parte, sea solamente sujeto de esa satisfacción. Esta "reducción" de un contenido tan rico de la recíproca y perenne atracción de las personas humanas, en su masculinidad o feminidad, no corresponde precisamente a la "naturaleza" de la atracción en cuestión.

Esta "reducción", en efecto, extingue el significado personal y "de Comunión", propio del hombre y de la mujer, a través del cual, según Gn. 2: 24, *"El hombre... se unirá a su mujer y vendrán a ser los dos una sola carne"*. La "concupiscencia" aleja la dimensión intencional de la existencia recíproca del hombre y de la mujer de las perspectivas personales y "de comunión" propias de su perenne y recíproca atracción, reduciéndola y, por decirlo así, empujándola hacia dimensiones utilitarias, en cuyo ámbito el ser humano se sirve del otro ser humano, usándolo solamente para satisfacer las propias "necesidades".

Parece que se puede encontrar precisamente este contenido, cargado de experiencia interior humana, propia de pocas y ambientes diversos, en la concisa afirmación de Cristo en el Sermón de la Montaña. Al mismo tiempo, en algún caso no se puede perder de vista el significado que esta afirmación atribuye a la "interioridad" del hombre, a la dimensión integral del "corazón" como dimensión del hombre interior. Aquí está el núcleo mismo de la transformación del ethos hacia el que tienden las palabras de Cristo según Mt. 5: 27-28 expresadas con potente fuerza y a la vez con maravillosa sencillez.

Llegamos en nuestro análisis a la tercera parte del enunciado de Cristo en el Sermón de la Montaña (Mt 5: 27-28). La primera parte era: "Habéis oído que fue dicho: No adulterarás". La segunda: "pero yo os digo que todo el que mira a una mujer deseándola", está gramaticalmente unida a la tercera: "ya adulteró con ella en su corazón". El método aplicado aquí, que es el de dividir "romper" el enunciado de Cristo en tres partes que se suceden, puede parecer artificioso. Sin embargo, cuando buscamos el sentido ético de todo el enunciado en su totalidad, puede ser útil precisamente la división del texto empleada por nosotros, con tal de que no se aplique sólo de manera disyuntiva, sino conjuntiva. Y es lo que intentamos hacer.

Cada una de las distintas partes tiene un contenido propio y connotaciones que le son específicas, y es precisamente lo que queremos poner de relieve mediante la división del texto; pero, al mismo tiempo, se advierte que cada una de las partes se explica en relación directa con las otras. Esto se refiere, en primer lugar, a los principales elementos semánticos, mediante los cuales el enunciado constituye un conjunto. He aquí estos elementos: cometer adulterio, desear cometer adulterio en el cuerpo, cometer adulterio en el corazón.

Resultaría especialmente difícil establecer el sentido ético del "desear" sin el elemento indicado aquí últimamente, esto es, el "adulterio en el corazón". El análisis precedente ya estuvo en consideración, de cierta manera, este elemento; sin embargo, una comprensión más plena de la frase "cometer adulterio en el corazón" sólo es posible después de un adecuado análisis.

Como ya hemos aludido al comienzo, aquí se trata de establecer el sentido ético. El enunciado de Cristo, en Mt. 5: 27-28, toma origen del mandamiento "no adulterarás", para mostrar cómo es preciso entenderlo y ponerlo en práctica, a fin de que abunde en él la "justicia" que Dios Yahvéh ha querido como Legislador: a fin de que abunde en mayor medida de la que resultaba de la interpretación y de la casuística de los doctores del Antiguo Testamento. Si las palabras de Cristo, en este sentido, tienden a construir el nuevo "ethos" (y basándose en el mismo mandamiento), el camino para esto pasa a través del descubrimiento de los valores que se habían perdido en la comprensión general veterotestamentaria y en la aplicación de este mandamiento.

Desde este punto de vista es significativa también la formulación del texto de Mt. 5: 27-28. El mandamiento "no adulterarás" está formulado como una prohibición que excluye de modo categórico un determinado mal moral. Es sabido que la misma ley (decálogo), además de la prohibición "no adulterarás", comprende también la prohibición *"no desearás la mujer de tu prójimo"* (Ex 20, 14-17; Dt. 5, 18-21). Cristo no hace vana una prohibición respecto a la otra. Aun cuando hable del "deseo", tiende a una clarificación más profunda del "adulterio". Es significativo que, después de haber citado la prohibición "no adulterarás" como conocida a los oyentes, a continuación, en el curso de su enunciado, cambie su estilo y la estructura lógica de regulativa en narrativo afirmativa. Cuando dice *"Todo el que mira a una mujer deseándola, ya adulteró con ella en su corazón"*, describe un hecho interior, cuya realidad pueden comprender fácilmente los oyentes. Al mismo tiempo, a través del hecho así descrito y calificado, indica cómo es preciso entender y poner en práctica el mandamiento "no adulterarás", para que lleve a la "justicia" querida por el Legislador.

De este modo hemos llegado a la expresión "adulteró en el corazón", expresión clave como parece, para entender su justo sentido ético. Esta expresión es, al mismo tiempo, la fuente principal para respetar los valores esenciales del nuevo "ethos": el ethos del Sermón de la Montaña. Como sucede frecuentemente en el Evangelio, también aquí volvemos a encontrar una cierta paradoja. En efecto, ¿Cómo puede darse el "adulterio" sin "cometer adulterio", es decir, sin el acto exterior que permite individualizar el acto prohibido por la ley? Hemos visto cuánto se interesaba la casuística de los "doctores de la ley" para precisar este problema. Pero, aun independientemente de la casuística, parece evidente que el adulterio sólo puede ser individuado "en la carne", esto es, cuando los dos, el hombre y la mujer que se unen entre sí, de modo que se convierten en una sola carne (Cf. Gen 2: 24), no son cónyuges legales: esposo y esposa. Por tanto, qué significado puede tener el "adulterio cometido en el corazón"? ¿Acaso no se trata de una expresión sólo metafórica, empleada por el Maestro para realizar el estado pecaminoso de la concupiscencia?

Si admitiésemos esta lectura semántica del enunciado de Cristo (Cf. Mt. 5: 27-28) sería necesario reflexionar profundamente sobre las consecuencias éticas que se derivarían de ella, es decir, sobre las conclusiones acerca de la regularidad ética del comportamiento.

El adulterio tiene lugar cuando el hombre y la mujer que se unen entre sí, de modo que se convierten en una sola carne (Cf. Gen 2: 24), esto es, de la manera propia de los cónyuges, no son cónyuges legales. La individuación del adulterio como pecado cometido "en el cuerpo" está unida estrecha y exclusivamente al acto "exterior", a la convivencia conyugal, que se refiere también al estado, reconocido por la sociedad, de las personas que actúan así. En el caso en cuestión, este estado es impropio y no autoriza a tal acto (de aquí, precisamente, la denominación: "adulterio").

Pasando a la segunda parte del enunciado de Cristo (esto es, a aquella en la que comienza a configurarse el nuevo ethos), sería necesario entender la expresión "todo el que mira a una mujer deseándola", en relación exclusiva a las personas según su estado civil, es decir, reconocido por la sociedad, sean o no cónyuges. Aquí comienzan a multiplicarse los interrogantes. Puesto que no puede crear dudas el hecho de que Cristo indique el estado pecaminoso del acto interior de la concupiscencia, manifestada a través de la mirada dirigida a toda mujer que no sea la esposa de aquel que la mira de ese modo, por tanto, podemos, e incluso debemos, preguntarnos si con la misma expresión Cristo admite y comprueba esta mirada, este acto interior de la concupiscencia, dirigido a la mujer que es esposa del hombre que la mira así. A favor de la respuesta afirmativa a esta pregunta parece estar la siguiente premisa lógica (en el caso en cuestión): puede cometer el "adulterio en el corazón" solamente el hombre que es sujeto potencial del "adulterio en la carne".

Dado que este sujeto no puede ser el hombre esposo con relación a la propia legítima esposa, el "adulterio en el corazón", pues, no puede referirse a él, pero puede culparse a todo otro hombre. Si es el esposo, él no puede cometerlo con relación a su propia esposa. Sólo él tiene el derecho exclusivo de "desear", de "mirar con concupiscencia" a la mujer que es su esposa, y jamás se podrá decir que por motivo de ese acto interior merezca ser acusado de "adulterio cometido en el corazón". Si en virtud del matrimonio tiene el derecho de "unirse con su esposa", de modo que "los dos serán una sola carne", este acto nunca puede ser llamado "adulterio"; análogamente, no puede ser definido "adulterio cometido en el corazón" el acto interior del "deseo" del que trata el Sermón de la Montaña.

Esta interpretación de las palabras de Cristo en Mt. 5: 27-28 parece corresponder a la lógica del decálogo, en el cual, además del mandamiento "no adulterarás" (VI), está también el mandamiento "no desearás la mujer de tu prójimo" (IX). Además, el razonamiento que se ha hecho en su apoyo tiene todas las características de la corrección objetiva y de la exactitud.

No obstante, queda fundadamente la duda de si este razonamiento tiene en cuenta todos los aspectos de la revelación, además de la teología del cuerpo, que deben ser considerados, sobre todo cuando queremos comprender las palabras de Cristo. Hemos visto ya anteriormente cuál es el "peso específico" de esta locución, cuán ricas son las implicaciones antropológicas y teológicas de la única frase en la que Cristo se refiere "al origen" (Cf. Mt. 19: 8). Las implicaciones antropológicas y teológicas del enunciado del Sermón de la Montaña, en el que Cristo se remite al corazón humano, confieren al enunciado mismo también un "peso específico" propio y a la vez determinan su coherencia con el conjunto de la enseñanza evangélica. Y por esto debemos admitir que la interpretación presentada arriba, con toda su objetividad concreta y precisión lógica, requiere cierta ampliación y, sobre todo, una profundización. Debemos recordar que la apelación al corazón humano, expresada quizá de modo paradójico (Cf. Mt. 5: 27-28), proviene de Aquel que "conocía lo que en el hombre había" (Jn. 2: 25). Y si sus palabras confirman los mandamientos del decálogo (no sólo el sexto, sino también el noveno), al mismo tiempo expresan ese conocimiento sobre el hombre que como hemos puesto de relieve en otra parte nos permite unir la conciencia del estado pecaminoso humano con la perspectiva de la "redención del cuerpo"(Cf. Ro. 8: 23).

Precisamente este "conocimiento" está en las bases del nuevo "ethos" que emerge de las palabras del Sermón de la Montaña. Teniendo en consideración todo esto, concluimos que, como al entender el "adulterio en la carne" Cristo somete a crítica la interpretación errónea y unilateral del adulterio que deriva de la falta de observar la monogamia (esto es, del matrimonio entendido como la alianza indefectible de las personas), así también, al entender el "adulterio en el corazón", Cristo toma en consideración no sólo el estado real jurídico del hombre y de la mujer en cuestión. Cristo hace depender la valoración moral del "deseo", sobre todo de la misma dignidad personal del hombre y de la mujer y esto tiene su importancia tanto cuando se trata de personas no casadas como y quizá todavía más cuando son cónyuges, esposo y esposa. Desde este punto de vista, nos convendrá completar el análisis de las palabras del Sermón de la Montaña.

Quiero concluir este análisis de las palabras que pronunció Cristo en el Sermón de la Montaña sobre el "adulterio" y sobre la "concupiscencia", y en particular de la última frase del enunciado, en la que se define específicamente a la "concupiscencia de la mirada" como "adulterio cometido en el corazón".

Ya hemos constatado anteriormente que dichas palabras se entienden ordinariamente como deseo de la mujer del otro (es decir, según el espíritu del noveno mandamiento del decálogo). Pero parece que esta interpretación más restrictiva puede y debe ser ampliada a la luz del contexto global. Parece que la valoración moral de la concupiscencia (del "mirar para desear"), a la que Cristo llama "adulterio cometido en el corazón", depende, sobre todo, de la misma dignidad personal del hombre y de la mujer; lo que vale tanto para aquellos que no están unidos en matrimonio como y quizá más aún para los que son marido y mujer.

El análisis que hasta ahora hemos hecho del enunciado de Mt. 5: 27-28; "Habéis oído que fue dicho: No adulterarás. Pero yo os digo que todo el que mira a una mujer deseándola, ya adulteró con ella en su corazón", indica la necesidad de ampliar y, sobre todo, de profundizar la interpretación presentada anteriormente respecto al sentido ético que contiene este enunciado. Nos detenemos en la situación descrita por el Maestro, situación en la que aquel que "comete adulterio en el corazón", mediante un acto interior de concupiscencia (expresado por la mirada), es el hombre:

Resulta significativo que Cristo, al hablar del objeto de este acto, no subraya que es "la mujer del otro" o la mujer que no es la propia esposa, sino que dice genéricamente la mujer. El adulterio cometido "en el corazón" no se circunscribe a los límites de la relación interpersonal, que permiten individuar el adulterio cometido "en el cuerpo". No son estos límites los que deciden exclusiva y esencialmente el adulterio cometido "en el corazón", sino la naturaleza misma de la concupiscencia, expresada en este caso a través de la mirada, esto es, por el hecho de que el hombre del que, a modo de ejemplo, habla Cristo "mira para desear". El adulterio "en el corazón" se comete no sólo porque el hombre "mira" de ese modo a la mujer que no es su esposa, sino precisamente porque mira así a una mujer. Incluso si mirase de este modo a la mujer que es su esposa cometería el mismo adulterio "en el corazón".

Esta interpretación parece considerar, de modo más amplio, lo que en el conjunto de los presentes análisis se ha dicho sobre la concupiscencia, y en primer lugar sobre la concupiscencia de la carne, como elemento permanente del estado pecaminoso del hombre (status naturae lapsae). La concupiscencia, que, como acto interior, nace de esta base (como hemos tratado de indicar en el análisis precedente), cambia la intencionalidad misma del existir de la mujer "para" el hombre, reduciendo la riqueza de la perenne llamada a la comunión de las personas, la riqueza del profundo atractivo de la masculinidad y de la feminidad, a la mera satisfacción de la "necesidad" sexual del cuerpo (a la que parece unirse más de cerca el concepto de "instinto").

Una reducción tal hace, sí, que la persona (en este caso, la mujer) se convierta para la otra persona (para el hombre) sobre todo en objeto de la satisfacción potencial de la propia "necesidad" sexual. Así se deforma ese recíproco "para", que pierde su carácter de comunión de las personas en favor de la función utilitaria. El hombre que "mira" de este modo, como escribe Mt. 5: 27-28 "se sirve" de la mujer, de su feminidad, para saciar el propio "instinto". Aunque no lo haga con un acto exterior, ya en su interior ha asumido esta actitud, decidiendo así interiormente respecto a una determinada mujer:

En esto precisamente consiste el adulterio "cometido en el corazón". Este adulterio "en el corazón" puede cometerlo también el hombre con relación a su propia mujer si la trata solamente como objeto de satisfacción del instinto.

No es posible llegar a la segunda interpretación de las palabras de Mt. 5: 27-28; si nos limitamos a la interpretación puramente psicológica de la concupiscencia, sin tener en cuenta lo que constituye su específico carácter teológico, es decir, la relación orgánica entre la concupiscencia (como acto) y la concupiscencia de la carne como, por decirlo así, disposición permanente que deriva del estado pecaminoso del hombre. Parece que la interpretación puramente psicológica (o sea, "sexológica") de la "concupiscencia" no constituye una base suficiente para comprender el relativo texto del Sermón de la Montaña. En cambio, si nos referimos a la interpretación teológica, sin infravalorar lo que en la primera interpretación (la psicológica) permanece inmutable, ella, esto es, la segunda interpretación (la teológica), se nos presenta como más completa. En efecto, gracias a ella resulta más claro también el significado ético del enunciado clave del Sermón de la Montaña, el que nos da la adecuada dimensión del ethos del Evangelio:

Al delinear esta dimensión, Cristo permanece fiel a la ley. "No penséis que he venido a abrogar la ley y los profetas; no he venido a abrogarla, sino a consumarla" (Mt. 5: 17). En consecuencia, demuestra cuánta necesidad tenemos de descender en profundidad, cuánto necesitamos descubrir a fondo las interioridades del corazón humano, a fin de que este corazón pueda llegar a ser un lugar de "cumplimiento" de la ley.

El enunciado de Mt. 5: 27-28 que hace manifiesta la perspectiva interior del adulterio cometido "en el corazón" y en esta perspectiva señala los caminos justos para cumplir el mandamiento: "no adulterarás", es un argumento singular de ello. Este enunciado (Mt. 5: 27-28), efectivamente, se refiere a la esfera en la que se trata de modo particular de la "pureza del corazón" (Cf.. Mt. 5: 8) (expresión que en la Biblia como es sabido tiene un significado amplio).

También en otro lugar tendremos ocasión de considerar cómo el mandamiento "no adulterarás" el cual, en cuanto al modo en que se expresa y en cuanto al contenido, es una prohibición unívoca y severa (como el mandamiento "no desearás la mujer de tu prójimo": Ex. 20: 17) se cumple precisamente mediante la "pureza de corazón". Dan testimonio indirectamente de la severidad y fuerza de la prohibición las palabras siguientes del texto del Sermón de la Montaña, en las que Cristo habla figurativamente de "sacar el ojo" y de "cortar la mano" cuando estos miembros fuesen causa de pecado (Cf. Mt. 5: 29-30).

Hemos constatado anteriormente que la legislación del Antiguo Testamento, aun cuando abundaba en castigos marcados por la severidad, sin embargo, no contribuía "a dar cumplimiento a la ley", porque su casuística estaba contramarcada por múltiples compromisos con la concupiscencia de la carne. En cambio, Cristo enseña que el mandamiento se cumple a través de la "pureza de corazón" de la cual no participa el hombre sino a precio de firmeza en relación con todo lo que tiene su origen en la concupiscencia de la carne: Adquiere la "pureza de corazón" quien sabe exigir coherentemente a su "corazón": a su "corazón" y a su "cuerpo".

El mandamiento "no adulterarás" encuentra su justa motivación en la indisolubilidad del matrimonio, en el que el hombre y la mujer, en virtud del originario designio del Creador, se unen de modo que "los dos se convierten en una sola carne" (Cf. Gn. 2: 24). El adulterio contrasta, por su esencia, con esta unidad, en el sentido de que esta unidad corresponde a la dignidad de las personas. Cristo no sólo confirma este significado esencial ético del mandamiento, sino que tiende a consolidarlo en la misma profundidad de la persona humana.

La nueva dimensión del ethos está unida siempre con la revelación de esa profundidad que se llama "corazón" y con su liberación de la "concupiscencia", de modo que en ese corazón pueda resplandecer más plenamente el hombre: varón y mujer, en toda la verdad del recíproco "para".

Liberado de la constricción y de la disminución del espíritu que lleva consigo la concupiscencia de la carne, el ser humano: varón y mujer, se encuentra recíprocamente en la libertad del recíproco donarse, puesto que ambos, marido y mujer, deben formar la unidad sacramental querida por el mismo Creador, como dice Gen 2: 24.

Como es evidente, la exigencia que en el Sermón de la Montaña propone Cristo a todos sus oyentes, actuales y potenciales, pertenece a espacio interior en que el hombre precisamente el que le escucha debe descubrir de nuevo la plenitud perdida de su humanidad y quererla recuperar. Es plenitud en la relación recíproca de las personas: del hombre y de la mujer el Maestro la reivindica en Mt. 5: 27-28, pensando sobre todo en la indisolubilidad del matrimonio, pero también en toda otra forma de convivencia de los hombres y de las mujeres, de esa convivencia que constituye la pura y sencilla trama de la existencia.

La vida humana, por su naturaleza, es "coeducativa", y su dignidad y su equilibrio dependen, en cada momento de la historia y en cada punto de longitud y latitud geográfica, de "quién" será ella para él y él para ella. Las palabras que Cristo pronunció en el Sermón de la Montaña tienen indudablemente este alcance universal y a la vez profundo. Sólo así pueden ser entendidas en la boca de Aquel que hasta el fondo "conocía lo que en el hombre había" (Jn. 2, 25), y que, al mismo tiempo, llevaba en sí el misterio de la "redención del cuerpo", como dirá San Pablo. ¿Debemos temer la severidad de estas palabras o más bien tener confianza en su contenido salvador, en su potencia? En todo caso, el análisis realizado de las palabras pronunciadas por Cristo en el Sermón de la Montaña abre el camino a ulteriores reflexiones indispensables para tener plena conciencia del hombre "histórico", y sobre todo del hombre contemporáneo: de su conciencia y de su "corazón".

Cristo fue más allá de los pensamientos de los teólogos, o de los sicólogos o consejeros juntos, ya que levantó la divinidad del ser humano, del matrimonio, del hombre como varón y de la mujer como ayuda idónea. En donde el hombre ya no se pertenece a sí mismo sino a su cónyuge y en donde la mujer indiscutiblemente forma parte intrínseca del ser del hombre, siendo los dos una sola carne, y en donde el adulterio, la infidelidad y el engaño en cualquiera de sus formas, se mete como una gran cizaña, que trata de separar a toda costa lo que Dios ha unido.

Para Cristo el solo hecho de desear en el corazón a una mujer, es cometer el mismo acto del adulterio. A estas alturas de su reflexión Manuel recordaba lo que hacía algún tiempo había escuchado: "Yo no puedo impedir que las aves vuelen sobre mi cabeza, pero si puedo evitar que hagan nido en ella".

Cuanta verdad tenían estas palabras, la gran mayoría de las veces tratamos de justificar nuestras ofensas, nuestras faltas, nuestro pecado, nuestro engaño, infidelidad y adulterio de muchas maneras, algunos argumentan que fue sin pensarlo, las cosas se dieron en el momento. Pero Manuel sabía con toda certeza de que eso no era así, sino que todo pecado, toda falta, todo engaño inicia con un pensamiento, que nos permitimos madurar hasta que por fin lo hacemos una realidad, y lo llevamos acabo, lo ejecutamos.

Cuántas veces, recordó él, sus lúgubres pensamientos, llenos de pasiones desenfrenadas, de concupiscencias desordenadas, y de deseos contrarios a la voluntad de Dios, le habían llevado por el derrotero de la destrucción, de la aflicción y de la congoja.

Cuánta razón tenía el apóstol Santiago al declarar: *"Cuando alguno es tentado, no diga que es tentado de parte de Dios; porque Dios no puede ser tentado por el mal, ni el tienta a nadie; sino que cada uno es tentado, cuando de su propia concupiscencia es atraído y seducido. Entonces la concupiscencia después que ha concebido, da a luz el pecado; y el pecado siendo consumado da a luz la muerte."* (Stgo. 1:13-15).

Como un torbellino en ese momento vinieron a su mente unos pensamientos en donde declaraban que cada uno es el resultado de sí mismo, así es que nadie mas es responsable de las decisiones que tomas, sino que dentro de mi mismo está tu propia seducción que con tus pensamientos e ideas alimentas hasta que las haces una realidad.

Capítulo 13
Eres el resultado de ti mismo

Eres el resultado de ti mismo. Nunca culpes a nadie, nunca te quejes de nada ni de nadie, porque tú has hecho tu vida. Acepta la responsabilidad de edificarte a ti mismo y el valor de acusarte en el fracaso para volver a empezar corrigiéndote.

A veces, el triunfo del verdadero hombre surge de las cenizas del error. Si puedes evitar algunos mejor.

Nunca te quejes de tu ambiente o de los que te rodean, hay quienes en tu mismo ambiente son superiores y vencen.

Las circunstancias son buenas o malas según tu voluntad y la fortaleza de tu corazón.

Aprende a convertir toda situación difícil en un arma para triunfar.

No te quejes por tu pobreza o por tu salud, o por tu ¿suerte? Enfréntalas con valor y acepta que de una o de otra manera, es el resultado de tus actos y la prueba que has de ganar.

No te quejes por la falta de dinero porque abunda en muchas partes.

No te amargues con tus propios fracasos ni se los cargues a otros, acéptalo ahora, o siempre seguirás justificándote como un niño.

Recuerda que cualquier momento es bueno para comenzar y que ninguno es tan malo para fracasar... Empieza ahora mismo.

Deja de engañarte, eres la causa de ti mismo, de tu tristeza, de tu necesidad, de tu dolor, de tu fracaso. Tú decidiste construirte de esa manera.

Si tú aprendes a hacer nuevamente desde el dolor, a ser más grande que el más grande de los obstáculos, dentro de ti encontraras un hombre que todo lo puede hacer.

La causa de tu presente es tu pasado, como la causa de tu futuro será tu presente.

Aprende de los fuertes, de los activos, de los audaces, imita a los valientes, a los energéticos, a los vencedores, a quienes no aceptan situaciones imposibles, a quienes no les atraen las cosas fáciles y en cambio aceptan el reto de lo exigente pero realizable; a quienes vencieron a pesar de todo.

Piensa menos en tus problemas y más en tu trabajo, y tus problemas sin aliento morirán.

Mírate en tu espejo, comienza a ser sincero contigo mismo, reconócete por tu valor y por tu voluntad y no por tu debilidad para justificarte.

Conociéndote a ti mismo serás libre, fuerte y dejarás de ser títere de las circunstancias.

Porque tú mismo serás el conductor de tu destino y nadie puede sustituirte.

¡Levántate! Mira la mañana llena de luz y de fuerza, respira esa luz del amanecer. Tú eres parte de la fuerza de tu vida. ¡Despierta, camina, muévete, lucha, decídete! Y triunfarás en la vida.

En el mismo orden de ideas podemos agregar siete más:

Es mucho más fácil reaccionar que planificar, pero mucho menos efectivo.

Es mucho más saludable reírse con otros, que reírse de otros.

Nuestra formación y las circunstancias pueden haber

hecho de nosotros lo que somos, pero nosotros somos responsables por aquello en que nos hemos convertido.

No siempre es suficiente ser perdonado por los demás. La mayoría de las veces se hace indispensable aprender a perdonarnos a nosotros mismos.

Responsabilidad no es algo que a uno le asignan, sino algo que uno asume.

Cuando dejamos de prepararnos, nos estamos preparando para el fracaso.

La generosidad no se paga con palabras, sino con acciones, y que la verdadera valentía se demuestra dando.

Reconoce tu adulterio

El tiempo de la confrontación había iniciado unos meses atrás, y qué difícil es llegar al punto de la aceptación de la responsabilidad de uno mismo, de que sus actos son la consecuencia de sus pensamientos, y que sus pensamientos son el resultado lógico de la abundancia de su corazón. Cuando tienes que hacer a un lado todos tus argumentos, tus justificaciones, tus presunciones, tus ideas erróneas de la responsabilidad.

El proceso había sido largo, difícil, escabroso, pero era uno de los primeros pasos que había que tomar en el largo camino de la restauración matrimonial.

Manuel recordaba el poema de antaño de Amado Nervo, que decía a la letra:

En Paz

*Muy cerca de mi ocaso, yo te bendigo, vida,
porque nunca me diste ni esperanza fallida,
ni trabajos injustos, ni pena inmerecida;
porque veo al final de mi rudo camino
que yo fui el arquitecto de mi propio destino;
que si extraje la miel o la hiel de las cosas,
fue porque en ellas puse hiel o mieles sabrosas:
cuando planté rosales, coseché siempre rosas.*

*...Cierto, a mis lozanías va a seguir el invierno:
¡mas tú no me dijiste que mayo fuese eterno!*

*Hallé sin duda largas noches de mis penas;
mas no me prometiste tú sólo noches buenas;
y en cambio tuve algunas santamente serenas...*

*Amé, fui amado, el sol acarició mi faz.
¡Vida, nada me debes! ¡Vida, estamos en paz!*

Cuanta verdad enseñaba este ilustre poeta, donde daba por asentado que uno cosecha lo que realmente siembra como decía el apóstol Pablo: *"No os engañéis; Dios no puede ser burlado: pues todo lo que el hombre sembrare, eso también segará."* (Ga. 6:7).

Lo difícil es reconocer que uno mismo tiene el

problema, eran palabras de Mario que resonaban en la memoria de Manuel. Es como un alcohólico, mientras no reconozca que tiene un problema con el alcohol, no se le puede ayudar, ya que una vez que reconozcas tu propio problema es cuando comienzas con el proceso de buscar ayuda.

Capítulo 14
¿Qué es la dependencia sexual?

La dependencia sexual puede implicar una variedad amplia de conductas. A veces un adicto tiene problemas con una sola conducta indeseada, a veces con varias. Un gran número de adictos sexuales dice que su uso malsano del sexo les ha resultado un proceso progresivo. Puede que empezara con un apego a la masturbación, la pornografía (impresa o electrónica), o con una relación. Pero al pasar el tiempo, ha progresado para incluir conductas cada vez más peligrosas.

La esencia de toda dependencia es la experiencia del adicto de la total falta de control sobre una conducta compulsiva, que le lleva a una vida no manejable. El adicto no tiene control y siente vergüenza, dolor y odio a sí mismo. Puede que el adicto quiera parar -pero repetidas veces no logra hacerlo-. La falta de ser capaz de manejar su propia vida puede evidenciarse en las consecuencias que sufren los adictos: relaciones perdidas, dificultades en el trabajo, arrestos/detenciones, problemas económicos, pérdida de interés en asuntos no sexuales, falta de amor propio y un sentimiento de desesperación.

Una preocupación con lo sexual le ocupa cantidades tremendas de energía. Al crecer esta preocupación para el adicto, un patrón de comportamientos (o rituales) sigue, generalmente llevándolo a la «actuación». Para algunos, esto significa el ligue, para otros, la búsqueda de pornografía en la net, o puede ser dar paseos por el parque. Cuando uno «actúa», hay una negación total de emociones generalmente seguido por la desesperación y la vergüenza, o hay un sentimiento de confusión y una falta total de esperanza.

Preguntas para Autodiagnóstico

1. ¿Guardas secretos sobre tus actividades sexuales o románticas? ¿Mantienes una vida doble?
2. ¿Tus necesidades te han orillado a tener sexo en sitios o en situaciones o con gente con las que normalmente no te involucrarías?
3. ¿Te sorprendes a ti mismo buscando artículos o escenas sexualmente excitantes en periódicos, revistas u otros medios de comunicación?
4. ¿Te has dado cuenta de que tus fantasías románticas o sexuales causan problemas en tus relaciones o que te prohíben dar cara a tus problemas?
5. ¿Frecuentemente quieres alejarte inmediatamente de una pareja sexual después de tener sexo? ¿Frecuentemente sientes remordimiento, vergüenza o culpabilidad después de un encuentro sexual?
6. ¿Sientes vergüenza de tu cuerpo o de tu sexualidad, de tal manera que evitas tocarte el cuerpo o participar en relaciones sexuales? ¿Temes no tener sentimientos sexuales? ¿Temes ser asexual?

7. Cada nueva relación, ¿Continúas teniendo los mismos patrones destructivos que te incitaron a romper con la última?

8. Tus actividades sexuales y románticas, ¿Necesitan cada vez mayor variedad y frecuencia sólo para sentir los mismos niveles de excitación y alivio?

9. ¿Te han arrestado alguna vez, o hay peligro de arresto, debido a tus prácticas de voyeurismo, exhibicionismo, prostitución, sexo con menores de edad, llamadas telefónicas obscenas, etc.?

10. Tu perseguimiento de relaciones sexuales o románticas, ¿Contradice o interfiere con tus creencias o desarrollo espirituales?

11. Tus actividades sexuales, ¿Incluyen riesgos, amenazas, o la realidad de enfermedades, embarazo, coacción o violencia?

12. Tu comportamiento sexual o romántico, ¿Te ha dejado alguna vez con el sentimiento de una falta total de esperanza, enajenación, o con ganas de suicidarte?

Si contestaste si a alguna de estas preguntas definitivamente tienes problemas sexuales, y el primer paso es reconocerlo, y aunque muchos no lo quieren reconocer también el sexo puede ser una adicción fatal. Lee la siguiente historia real de un adicto, que por su adición lo arriesga todo, y no le importa nada.

Una historia de riesgos

Estaba leyendo hoy mi libro de meditaciones matinales sobre los riesgos profundos que tomábamos como adictos en plena adicción. Mientras comenzaba a pensar en la lectura, me acorde de cómo arriesgaba todo cuando actuaba bajo los efectos de la adicción. En aquel tiempo no tenía una comprensión clara de las verdaderas consecuencias de mis actos.

Francamente, la mayoría de las veces, no me importaba nada. Principalmente justificaba mis acciones, o menospreciaba o negaba lo que pudiera tener lugar como resultado de mi adicción.

Incluso me justificaba cuando actuaba solo, argumentando que no dañaba a nadie más, y era la única manera en que me sentía bueno, importante y de valía para alguien. ¿Por qué no debería seguir haciéndolo?

Mi matrimonio había estado desmoronándose desde hacía dos años, y estaba a punto de no poderse reparar. Mi trabajo me estresaba increíblemente y me veía como un fracasado. En ese tiempo tenía una hija de 4 años que me exigía atención sin cesar. Fui víctima de abuso sexual y de muchos abusos emocionales profundos cuando era niño, y aunque no lo sabía, ni lo reconocía, si habían influenciado en mi vida profundamente. Hacía el papel de víctima, y estaba increíblemente enfadado con Dios, con la sociedad, con mi familia y conmigo mismo.

Recuerdo una noche cuando mi esposa siendo enfermera trabajaba en el turno de la noche. Después del trabajo, cuando lleve a mi hija a la casa después de pasar por ella a la guardería, lo único que pensaba era como conseguir tiempo a solas para mí para que pudiera actuar. El pensamiento me consumía. Tenía que tener algún tiempo para liberarme de la presión que sentía o iba a explotar.

Fui demasiado temprano a acostar a mi hija y aunque no había cenado. Le coloqué crema de cacahuate en una rebanada de pan y le serví un vaso de leche. En cuanto término le dije que era tiempo de bañarse.

Subí con ella al baño, y la metí en la bañera, la enjaboné, la enjuagué, le di una muñeca y unos juguetes, pensé que mientras ella jugaba; tendría yo el tiempo necesario para alejarme. Cuando alargue la mano para cerrar el grifo, me dijo: "No papa, quiero jugar a la cascada con mi muñeca". Ni siquiera lo pensé. No me importo, sólo necesitaba terminar con ella para tener tiempo y algún espacio para actuar.

Bajé la escalera y me encerré en el cuarto del baño de la planta baja. Porque si ella se salía del baño, no quería que me encontrara inyectándome, y pensé que mientras ella jugaba yo podía actuar sin interrupciones. Cuando terminé, me llevé un gran chasco y una tremenda impresión; sabía que la capacidad de concentración de mi hija era de 4 minutos, y cuando miré el reloj había transcurrido más de media hora.

Así que salí del cuarto del baño, subí a pasos agigantados la escalera, algo en lo interno de mi ser me decía que algo no estaba bien, ya que cuando iba a tomar la escalera, sentí gotas de agua en mi cara, y alcé mis ojos y vi que el techo estaba escurriendo en agua. Entonces me fijé que el agua corría a cántaros por las paredes. Sentí mojados mis zapatos, bajé la mirada y la alfombra estaba empapada. ¡Ay Dios mío! pensé, mientras devoraba la escalera.

Cuando llegué al baño de arriba, había por lo menos 10 centímetros de agua en el piso y caía en cascada por el borde de la bañera. La muñeca flotaba sobre el agua. Mi hija estaba sentada con la cabeza inclinada hacia atrás, y el nivel del agua había alcanzado su punto máximo en lo alto de su labio superior. Fue por la gracia de Dios que no se ahogó esa noche.

Había dejado colocado sobre el grifo de la bañera la toallita que antes había usado para enjabonarla. Se había caído y había taponeado el desagüe de la tina, por esa razón la bañera se había llenado y el agua se rebalsaba.

Sin embargo, aquellos eran sólo los hechos; la causa fue mi indiferencia egoísta y mi descuido por mi adicción. Mi necesidad compulsiva de desaparecer para inyectarme. Estaba tan ensimismado, siendo mi ser sólo empujado por mi ego, de autosatisfacción que no consideré, ni entendí, ni me importaban las consecuencias profundas de mis acciones: la posible muerte de mi propia hija.

Me consumían la culpa y la vergüenza. ¿Cómo podía dejar pasar algo como esto a la única persona que amaba profundamente, mi propia hija que estaba a mi cuidado? ¿Qué tipo de padre era yo? El problema era que una semana después me estaba encerrando otra vez en el baño para inyectarme por mi maldita adicción, lleno de vergüenza y de odio contra mi mismo.

Hoy tengo 15 años de sobriedad ganados a duras penas, y me doy cuenta de que una adicción esta llena de riesgos que no podemos, ni estamos dispuestos a entender. Me doy cuenta que cuando estaba en medio de la inyección, no puedo pensar en otra cosa que no sea mi autosatisfacción personal. En ese estado no se puede concebir ni la consecuencia más pequeña; y francamente a los adictos no les importa nada, ni nadie, en medio de su locura arriesgan todo, su familia y hasta su propia alma.

Manuel había tenido que entender y confesar que él era adicto al sexo, y que necesitaba ayuda, ese fue el primer gran paso hacia la nueva luz, la de la restauración.

Capítulo 15
Confiesa tu pecado o tu adicción

Normalmente el primer paso es la negación, antes de entender que se tiene un problema de adicción sexual, después se pasa por un periodo de justificación, pero una vez que se pasa el proceso del reconocimiento, viene el arrepentimiento y después la confesión. La confesión implica, el reconocimiento público y/o verbal de que uno reconoce que tiene un problema, pecado, enfermedad o adicción (el nombre es lo de menos). Es un paso sencillo, pero qué difícil es confesar nuestro pecado, ya que eso habla de que estoy confiando plenamente en la otra persona.

Dentro del clero se abusó mucho tiempo de la confesión, y por eso ahora no lo hacen muy seguido, y no lo quieren hacer, ese era el conflicto (o la excusa) de Manuel, y creo que es la de muchos hoy en día.

Normalmente se da una confesión completa, cuando la persona que lo hace se ha arrepentido genuinamente, cuando reconoces que has fallado, que pecaste o que eres adicto.

Cuando confiesas tu falta porque fuiste descubierto, muchas veces no se ha producido un genuino arrepentimiento, sino algo que se asemeja como una parodia, y se llama remordimiento. Manuel ya había recorrido el camino del remordimiento en varias ocasiones y en esas ocasiones anteriores lo que más le preocupaba eran las consecuencias de sus actos, y que sobre todo no saliera muy lastimado en el proceso, que hasta donde fuera posible no se hiciera pública su falta, su pecado, su adicción.

La confesión como mencionamos en uno de los párrafos anteriores, lleva inherentemente el proceso del arrepentimiento, para que sea una confesión genuina y valedera, una confesión acompañada con su concomitante el arrepentimiento, indiscutiblemente que encamina rápidamente el proceso hacia una restauración, y a un cambio de mente, de actitud, de valores, y es donde se ve realmente que la persona que se confiesa quiere un cambio, está cansado de vivir una doble vida, está agotado y hastiado de no tener control, ni dominio propio sobre su vida. Está declarando que quiere hacer un alto, que quiere parar la destrucción y que quiere retomar de nuevo su código de honor, basado en principios y en valores que son inamovibles.

La confesión rompe el secreto de tu lucha a través de la continua cobertura de otros. La presencia de gente a la cual mantienes informada ayuda a romper todas las racionalizaciones que hayas utilizado para mantener viva tu adicción.

Dietrich Bonhoeffer escribe en Vida Juntos:

"Un hombre que confiesa sus pecados en la presencia de un hermano (o hermana) sabe que ya no estará solo consigo mismo; experimenta la presencia de Dios en la realidad de la otra persona. Mientras vaya por mi propia cuenta en la confesión de mis pecados, todo quedará en la obscuridad, pero en la presencia de un hermano, el pecado tiene que ser traído a la luz".

Esto es lo que había pasado con Manuel hacia ya casi un año atrás, cuando le comentó a María que necesitaba la asesoría de Mario en un problema muy complicado que tenía. En esa ocasión María pensaba, que era un conflicto laboral, ya que Mario era el asesor de la empresa en que Manuel trabajaba. Lejos estaba María de imaginarse que un torbellino de sentimientos encontrados, de dolor, de angustia, de ansiedad y de mucha podredumbre estaba por destaparse, y mucho menos que ese torrente de consecuencias les alcanzarían a ella y a sus hijos.

La honestidad personal es un primer paso. ¿Quieres se libre? ¿Es más importante parecer libre o ser verdaderamente libre? Durante muchos años Manuel parecía libre, pero sólo era en apariencia, no era una realidad en su vida, hasta que cansado de esa situación y siendo redargüido en el fuero interno de su ser, por su conciencia, el Espíritu Santo y la carga moral que llevaba a cuestas se acercó a Mario a confesarle su pecado para comenzar el proceso de la liberación de su adicción.

Era aproximadamente la una de la tarde cuando Manuel entró al privado de Mario, unas horas antes habían acordado verse a petición de Manuel para tratar un asunto muy delicado, como según le había comentado por teléfono.

Manuel comenzó su relato, diciéndole a Mario que en esta ocasión el motivo de su visita no era laboral sino personal y confidencial, Mario lo pasó a su salita que tenía en la misma oficina y le dijo "Manuel, tú sabes que siempre puedes contar conmigo como amigo, aquí estoy para escucharte".

Entonces Manuel comenzó a narrarle a Mario cómo hacía tres meses atrás se había involucrado sentimental, emocional y sexualmente con Sofía, una de las clientas de la empresa. Todo fue pasando "sin darse cuenta", y cuando quiso regresarse ya estaba en un hoyo sin fondo, un vorágine sexual devastador que no podía parar. Pero que ahora él mismo se daba cuenta de que eso no era correcto, que no quería hacer daño a María su esposa, ni a sus hijos, ni a la empresa en que laboraba, ni a sus amigos. Si tan sólo lo hubiera pensado meses atrás antes de involucrarse.

La situación era complicada, ya que Manuel ocupaba una posición de alto nivel dentro de la compañía, y éste era un asunto demasiado grave, que podía afectar la credibilidad de la misma empresa, y de toda la organización a la cual representaba Manuel en diferentes países de Latinoamérica.

Mario le dijo a Manuel que agradecía la confianza que había depositado en él, y que no se preocupara que le iba a ayudar en todo lo que estuviera a su alcance para que pudiera salir de esa adicción. Mario no le dijo que él iba a solucionar el problema, en estos momentos para Mario ese no era el principal problema sino llegar a la raíz del asunto, para que esto jamás se volviera a repetir en la vida de Manuel. Ya que las 3 veces anteriores como le había confesado Manuel, solamente se había maquillado el problema, pero no se había llegado al fondo del asunto, por eso es que Manuel seguía siendo un reincidente en su adicción.

También Mario lo animó al decirle que esta vez, él ya estaba viendo que era diferente la situación; porque por primera vez Manuel no había esperado a ser descubierto, sino que internamente él había tomado la decisión firme de no seguir cargando con esa adicción que le estaba carcomiendo el alma, y que estaba a punto de destruir todo lo que él más amaba; a su esposa y a sus hijos.

Una actitud falsa es: "¡Puedo manejar esto solo!" El siguiente paso es traer al conocimiento de aquellos en quienes hemos confiado, lo que realmente está sucediendo en nuestra vida. Debes encontrar a esas personas que te acepten y te amen a la luz de tu adicción. Eso no quiere decir que te van a tolerar y a solapar lo que estás haciendo, sino más bien son las personas en las que puedes confiar, porque ellos no tienen una adicción como la tuya, y porque tienen el carácter necesario para confrontarte cada vez que tú lo necesites.

Todos en la vida caminamos con los fantasmas de los pecados ocultos, de los secretos a voces, ya que pensamos que jamás seremos descubiertos, que lejos de la verdad es esta declaración, que se convierte en un sofisma que seguimos tratando de creer, pero tarde o temprano, y más temprano que tarde todo sale a la luz.

Cuánta verdad encierra la sabiduría divina en su libro sagrado, donde vemos el conflicto que estaba enfrentando el rey David y el exclamo desde lo más profundo de su alma:

"Mientras callé mi pecado, mi cuerpo se consumió con mi gemir durante todo el día." Salmos 32:3 (LBLA).

¿Te has encontrado con gente que se jacta de los pecados que comete? Por ejemplo, quien diga que logró hacer un negocio en el cual pudo evadir una suma considerable de impuestos, o quien diga que logró seducir a una mujer y se aprovechó de su inocencia o vulnerabilidad de tal o cual manera, o quien diga que logró evadir una multa o inclusive una visita a la cárcel por que dio un soborno relativamente insignificante a un empleado corrupto de gobierno.

Pero no encontramos a menudo, a personas que digan que cometieron actos "socialmente reprochables" o de grados tales de perversión que pueden asquear y asustar a las personas promedio de nuestra sociedad. Nadie anda por allí diciendo que los últimos meses ha estado teniendo relaciones incestuosas, o que ha pasado cierta cantidad de años de su vida viendo pornografía infantil o bestialismo, etc.

Pareciera que nuestra sociedad tiene aún ciertos límites (gracias a Dios), y muchos de estos temas son tabú. Aún entre los grupos de gente adicta a la inmoralidad sexual, hay ciertos actos que se consideran extremos y que no podrían ser abordados ni siquiera en una reunión sólo de hombres.

Es muy probable que ahora mismo, tú que estás leyendo estas líneas, estés acordándote de actos de inmoralidad sexual que fueron cometidos contra ti o que tú cometiste en contra de personas de las cuales abusaste, y escuches una voz en tu interior que te dice: "¡Esto no se lo puedo contar a nadie!", y luego te dice: "Si mi líder espiritual se llega a enterar de esto que aún hago en mi vida secreta, sería mi fin, se horrorizaría de mi y mejor ni siquiera lo pienso mas..."

Pues bien, te tengo noticias interesantes. El pecado sexual es como un hongo, que es especialmente favorecido por el poder de lo secreto. Mientras mantengas ese pecado en lo oculto, en la oscuridad y no lo saques a la luz, ese pecado cobrará cada día, más y más poder sobre tu vida a un grado tal, que jamás habrías imaginado y te va a dominar de una manera tal que cuando hagas una reflexión de tu modo de vida, te vas a horrorizar y vas a pensar: "Cómo es posible que haya llegado hasta este nivel de perversión y degradación? ¡No lo entiendo! Jamás pensé que yo sería capaz de un acto de esta naturaleza. Tengo que detenerme… ¡No puedo seguir así!", unos días u horas más tarde te encuentras haciendo nuevamente eso que tanto te horroriza y te avergüenza pero que a la vez te brinda tanto placer.

De mi experiencia personal puedo decirte que después de 20 años de estar viviendo una vida doble, la cara ante la sociedad era de un hombre moralmente aceptable, de un hombre piadoso, un buen esposo y un buen padre, la cara secreta era la de un hombre con un corazón torcido, con una mente sucia, con deseos asquerosos de placeres sexuales que en el fondo, muy dentro de mí, me horrorizaban. Además encontraba que tales deseos tenían un poder tan absoluto en mi vida, que mi vida entera y mis pensamientos eran de continuo el buscar maneras de satisfacer esa lujuria a través de toda la pornografía que pudiera encontrar en Internet. Oraba, ayunaba y clamaba a Dios para que hubiera un cambio en mí, para que me transformará "instantáneamente" y quitara en forma total todo deseo sexual fuera de lo normal y fuera de lo santo del lecho matrimonial, pero cuando pensaba en sacar a la luz todo ese mundo secreto en el que vivía, inmediatamente me aterrorizaba en gran manera y el miedo que esto me producía me paralizaba y era realmente impensable el buscar a mi pastor o a mi líder espiritual para confesarle toda esta vida de pecado.

Sin embargo, El Señor en su infinito amor, por su misericordia y bondad, tenía para mí un plan de liberación tan maravillosamente orquestado, el cual yo jamás habría sido capaz de diseñar o concebir. El tenía a un hombre, que habría de fundar un ministerio poderoso de liberación para adictos al pecado sexual, el cual tuve el privilegio de conocer y al cual el Señor me llevó en forma directa, con el cual sentí total libertad y confianza de confesar todo lo que había vivido y toda la suciedad que había pensado y experimentado a lo largo de toda mi vida. Este hombre, siervo de Dios, instrumento de esperanza en las manos del Señor me guió en una forma tan fantástica a descubrir las verdades y principios bíblicos que más adelante me harían libre para siempre.

Mi consejo es este; "SI SE LO PUEDES CONTAR A ALGUIEN", es más, "DEBES CONTÁRSELO A ALGUIEN", hay poder en la confesión, hay libertad en la confesión, y sobre todo hay paz en la confesión. Cuando lo hagas te darás cuenta que encontrarás a un padre ansioso de abrazarte, de perdonarte y de sacarte de las tinieblas de tu corazón.

Nadie va a rechazarte, nadie va a condenarte, si no lo haces tú, Dios traerá todo a la luz, porque así dice su Palabra... "NO HAY NADA OCULTO QUE NO HAYA DE DESCUBRIRSE".

El día de hoy te invito a ti a que hagas lo mismo, que te armes de valentía y busques ayuda. Es casi seguro que necesites de un mentor que te comprenda desde lo profundo de su corazón lo que has vivido guardando en la oscuridad ese secreto que te consume, esa vergüenza, esa culpa y que te puede guiar como instrumento en manos del Señor a descubrir esos principios que te harán libre de una vez y para siempre. Atrévete HOY y comienza AQUÍ.

Es mi oración que la misericordia de Dios y su gracia se hagan patentes en tu vida. Manuel estaba iniciando el camino hacia su libertad de su adicción y aunque sabía que era un camino difícil estaba seguro que había esperanza para él.

Capítulo 16
Viviendo día a día y caminando paso a paso

Roma no se construyó en un día, dice el viejo y conocido refrán, así es que la adicción, la práctica del pecado y las faltas que se vivieron por años, no se van ir con una varita mágica, ni en un abrir y cerrar de ojos. Jamás se debe bajar la guardia, siempre hay que estar alerta, para nunca volver a reincidir en el pecado que naturalmente ejecutamos en nuestra vida.

En una ocasión un hijo le preguntaba a su padre que era un líder religioso en su comunidad: "¿Padre, se puede vivir un año sin pecar?" su padre sin pensarlo mucho le respondió, no hijo, no se puede vivir un año sin pecar. Entonces el hijo le volvió a preguntar: "¿y un mes sin pecar?" hummm... respondió el padre, después de pensarlo un poco, creo que no, no se puede vivir un mes si pecar. El hijo no estaba satisfecho, y le vuelve a inquirir, padre ¿y se puede vivir una semana sin pecar? Después de pensarlo un poco más, su respuesta fue la misma: No hijo, no se puede vivir una semana sin pecar recuerda que somos humanos, le dijo. Padre, padre una última pregunta, y ya te voy a dejar de importunar: ¿Tú crees que se puede vivir un minuto sin pecar? Sin pensarlo mucho el líder religioso le contestó: Claro que se puede vivir un minuto sin pecar, entonces el hijo, le interpoló diciendo: Padre y ¿Por qué no vivimos la vida minuto a minuto?

Esa es la idea de este principio, como los alcohólicos anónimos, neuróticos anónimos y todos los anónimos que hay en el mundo. Viven día a día, y cada día dan un paso a la vez. El ayer ya pasó, el mañana no sabremos si será, pero hoy tenemos el regalo más grande del mundo: el día de hoy, y este día hay que disfrutarlo, hay que vivirlo, no sobrevivirlo, por lo tanto; éste es el día en que debo estar vigilando mi inclinación (natural o espiritual) para ir a cometer pecado, de volver a mi adicción.

No hay día que no caminemos sin el cuidado necesario y a veces excesivo para no volver a fallar, para no caer en las garras de la tentación, y el dominio de todos aquellos demonios internos de la lujuria, y las pasiones desordenadas que en otro tiempo nos dominaron.

Manuel tienes que vivir como si fueras a morir hoy mismo, y tienes que presentarte a dar cuentas a tu creador. Por eso se hace supremamente necesario que cada día camines en santidad e integridad total.

"A la verdad, como éramos incapaces de salvarnos, en el tiempo señalado Cristo murió por los malvados.

Difícilmente habrá quien muera por un justo, aunque tal vez haya quien se atreva a morir por una persona buena. Pero Dios demuestra su amor por nosotros en esto: en que cuando todavía éramos pecadores, Cristo murió por nosotros." (Romanos 5:6-8).

Al atravesar por la adicción de la pornografía y masturbación, e infidelidad, decía Manuel, las cuales casi llegan a destruir mi matrimonio y mi vida ministerial, recuerdo claramente que me sentía culpable e indigno de la misericordia de Dios, sabía que estaba viviendo una "doble vida", mi vida giraba alrededor de la hipocresía y culpabilidad, y estaba consciente que toda promesa de Dios no llegaría a mi vida si no renunciaba a aquello que ensuciaba mi mente y corazón. Luchaba constantemente contra el sentimiento de "¡nunca podré salir de esto, siempre que declaro no volver a hacerlo, vuelvo a caer!" el enemigo estaba robándome mi INTEGRIDAD.

No olvidemos nunca que este caminar hacia la pureza es mucho más que frenar la pornografía y la masturbación o cualquier adicción sexual. Se refiere a vivir la experiencia de Dios en lugar de esos momentos que se habrían dedicado a la inmoralidad. "Se trata de encontrar a Dios y su ayuda en medio de la lucha, en medio de cada fracaso, de cada frustración". No se trata solamente de eliminar nuestras adicciones y nuestros pecados –le recalcaba Mario a Manuel- sino también de encender una nueva pasión por Dios, viviendo una sexualidad ÍNTEGRA en nuestra vida y de una forma equilibrada.

Si fracasas o caes, deja de quejarte y deja de escuchar al enemigo, Dios no está enojado ni gritando su exasperación. ¿Por qué te vas a dar por vencido ahora que ya eres su hijo, si Él no se dio por vencido cuando estabas perdido?

La pureza es un llamado que tiene que ver con nuestra relación con Dios, más que con ninguna otra cosa. Para esto fuimos creados, esa fue la razón por la que envió a su Hijo, para que pudiéramos caminar con Dios a cada momento del día, paso a paso, corazón a corazón.

Recuerda amigo, "pecado no es solamente ceder a la tentación, pecado es no levantarse TAMBIEN", huye de la inmoralidad. Huimos para encontrar nuestro camino de regreso a los brazos del Padre, huimos para alcanzar la integridad delante de Su Presencia.

¿Cuánto valoramos nuestra pureza?

Me impresiona la determinación del armiño. Se trata de un animalito parecido a la comadreja. En el verano tiene pelaje color café, pero en el invierno su pelaje se vuelve blanco como la nieve.

Todo pinta a que tiene un profundo respeto y celo por ese color blanco que adquiere. Hará lo que sea con tal de mantenerlo limpio. Se cuenta que cuando los cazadores encuentran una cueva en donde habita este animalito, tienen una estrategia para poderlo atrapar. Le pasan unos brochazos de alquitrán pegajoso a la entrada de la cueva, luego usan los perros para hallarle la pista y lo persiguen en dirección de la cueva. Cuando el armiño ve su cueva llena de alquitrán se rehúsa entrar, pues no desea que su pelaje se ensucie. Entonces se voltea y enfrenta a los perros y con ello la propia muerte. Ha valorado más la pureza que su propia vida.

¿Qué hay de la forma en que valoramos nuestra pureza? Estamos dispuestos a dar nuestra vida a cambio de ella. En el caso del armiño, él murió físicamente, en nuestro caso se nos pide morir diariamente a nuestras pasiones con el fin de glorificar el nombre de Jesucristo en nuestras vidas. No es abandonar nuestra vida terrena sujeta a las tentaciones lo que Dios nos exige, sino darle el espacio al Espíritu de Dios para que actúe libremente a través de nosotros.

Valorar nuestra pureza implica tomar decisiones drásticas que puedan provocar muerte a todo aquello que es contrario a la voluntad de Dios. Significa hacer a un lado todo aquello que cada uno de nosotros sabemos en nuestro interior se ha vuelto en un factor que ensucia la puerta de nuestra entrada a la presencia del Padre.

Dejar morir nuestra carne es darle vida a la pureza interior que Dios desea exaltar por encima de cualquier cosa en nuestras vidas. Darle la espalda a la suciedad que nos impide entrar en la presencia de Dios cuenta con la garantía divina de vivir plenamente. Sólo en Cristo podremos encontrar la plenitud de nuestro potencial como hombres, sólo en Él podremos encontrar el deleite de lo que significa verdaderamente vivir... aunque paradójicamente, tengamos que morir.

Eso es vivir día a día, y dando un paso a la vez.

Capítulo 17
Formatea tus pensamientos

Tal como piensa el hombre así es él, dice el sabio Salomón. Cuando hemos vivido bajo patrones de conducta, de pensamientos dominantes que han controlado nuestra vida, nuestras decisiones y emociones por muchos años o por poco tiempo, nos va a costar cambiar esos pensamientos por otros nuevos. Pero eso no quiere decir que no sea posible.

Muchas de las veces seguimos creyendo las mentiras dominantes que han estado en nuestra vida por mucho tiempo. En primer lugar quiero comentarte que para cambiar tu mente, tienes que borrar los archivos del pasado que te dominaban, en primer lugar tienes que quitar lo viejo, lo que te ha dañado durante mucho tiempo, y ya después de eso, es que vas a poner todo lo nuevo. No se puede poner remiendo nuevo en paño viejo dijo el Señor Jesucristo.

El problema en el área sexual es tan grande, tan

generalizado, y ha estado con nosotros por tanto tiempo que hemos llegado a excusarlo de muchas maneras, de tal forma que hoy en día muchos hombres, yo diría la mayoría, no lo ven como un problema sino como una "pequeña debilidad" de "todo hombre".

Se ha hecho más común en nuestros días la mala práctica de la invasión de tierras a propiedad ajena. Día a día se vuelve más problemático este asunto para los dueños de terrenos que ven cómo personas sin ningún derecho sobre ellas toman posesión de algo que no les pertenece. Los propietarios deben valerse de todos los medios legales que tengan a su alcance para recuperar lo que les pertenece.

De manera similar, esto ha estado ocurriendo en el terreno de nuestra mente. Día a día nuestra mente se ve asediada por pensamientos producto de la exposición a la que estamos en un mundo que ha sido contaminado por el pecado. Las fuentes que nos pueden proveer pensamientos contrarios a los de Dios cada vez son mayores, variadas y a la vez atractivas. La pornografía ha logrado tomar un buen terreno de nuestra mente, terreno que no le pertenece. Los pensamientos lujuriosos están logrando devastar a un sin fin de cristianos aprisionándolos en las redes del pecado. ¿Qué hacer ante esta realidad que todos vivimos? ¿Debemos resignarnos a mantener estos pensamientos en nuestra mente? Durante mucho tiempo viví bajo esa resignación. Lamentablemente había logrado almacenar tanta información negativa en mi cerebro que vivir libre de esos pensamientos me parecía una utopía. Sin embargo, en el poder liberador que se encuentra en la revelación de la

Palabra de Dios se nos muestra que esto no debe ser así.

El autor de la carta a los Hebreos nos dice en el capítulo 12, versos 1 y 2: *"Por tanto, puesto que tenemos en derredor nuestro tan gran nube de testigos, despojémonos también de todo peso y del pecado que tan fácilmente nos envuelve, y corramos con paciencia la carrera que tenemos por delante, puestos los ojos en Jesús, el autor y consumador de la fe, quien por el gozo puesto delante de El soportó la cruz, menospreciando la vergüenza, y se ha sentado a la diestra del trono de Dios."* En este pasaje se nos presentan puntos prácticos que debemos considerar en la búsqueda de la recuperación del territorio que ha sido usurpado por los pensamientos pecaminosos en nuestra mente:

1. La decisión por eliminar esos pensamientos es nuestra. *("...despojémonos también de todo peso y del pecado que tan fácilmente nos envuelve...").* Esto implica la firme determinación por no alimentar más nuestra mente con pensamientos contrarios a la voluntad de Dios. Rompiendo con todo acceso que tengamos a fuentes que nos pueden corromper, incluyendo televisión, Internet, fotografías, conversaciones, etc.

2. Debemos entender que es un proceso. *("...corramos con paciencia la carrera que tenemos por delante...").* Por lo tanto, requiere de nuestra disciplina y perseverancia diaria en la búsqueda de comunión con Dios.

3. Nuestra fuente de nuevos pensamientos debe ser Cristo *("...puestos los ojos en Jesús, el autor y consumador de la fe...").* Sólo un pensamiento fundamentado en la búsqueda de Jesús mismo es capaz de derrotar los pensamientos pecaminosos.

La batalla en nuestra mente, puede ser ganada, es más ha sido ganada por la obra redentora de Jesucristo. Juntamente con la tentación que viene a través de un pensamiento dirigido como dardo perforador a nuestra mente, Dios provee del escudo en la misma mente para evitar caer. Los pensamientos pueden ser gobernados y sujetados en la medida que nuestra propia voluntad es sujetada a la obediencia a Cristo. No desmayes, sigue perseverando en la búsqueda de la Gloria de Dios. Pues el mismo Cristo que en la cruz sepultó nuestros pecados y ahora está sentado en Gloria con poder y autoridad es el mismo que te respalda para renovar tu mente y mantenerte en victoria. Uno de los hombres más famosos de la historia dejó este pensamiento a la humanidad, un pensamiento que lo llevó a cambiar el pensamiento de una nación.

"Una mentira dicha por suficiente tiempo se convierte en verdad" Lenin Comunista Ruso, político y revolucionario (1870 - 1924). Qué frase más certera, eso exactamente es lo que sucede dentro de todos los que están esclavizados a alguna forma de pecado sexual.

Algunas de las mentiras que se han convertido en verdad en las mentes de algunos cristianos y que he escuchado por varios años son:

Mentiras que creemos verdaderas

1) Los hombres tienen esa debilidad por que así fuimos hechos.
2) El hábito de la masturbación desaparecerá cuando me case.
3) Mejor experimento porque así no llego ignorante al matrimonio, con respecto al sexo.
4) Los hombres pueden experimentar, las mujeres no, porque yo quiero una virgen para casarme.
5) No te metas con tu hijo, déjalo, lo que está haciendo es normal, ya se le pasará. (PADRES)
6) Ver un poco de desnudez no daña a nadie, no seas ridículo.
7) Yo puedo dejar de hacerlo cuando quiera (masturbación).
8) Me masturbo para no tener que buscar sexo antes de casarme, para mantenerme virgen.
9) Me masturbo para no ir a buscar sexo fuera de mi matrimonio (es mejor delante de Dios).
10) Un poco de pornografía en el matrimonio es bueno y mejorará mi relación sexual con mi esposa.
11) En la relación sexual dentro del matrimonio se vale de todo, porque "estamos casados".
12) Mi esposa debe "satisfacerme", cuando, cómo y cuántas veces yo quiera, para eso está.
13) Siento que no puedo controlar esto, pero no se lo puedo decir a nadie porque me juzgarán.
14) (MUJERES) Esto es muy vergonzoso, sólo los hombres pueden estar afectados.
15) (Cristiano) Soy lo peor, si me conocieran de verdad, lo que hago en secreto, no me aceptarían, me condenarían y me rechazarían.
16) Este hábito no me lo puedo quitar, he probado miles de veces, así que mejor lo acepto, vivo con él y trato de controlarlo.
17) Debe ser parte de mi (pecado), si Dios me lo quisiera quitar, ya lo habría hecho.
18) Dios a mi no me ama, no me escucha, no me quita estos deseos impuros.
19) Si confieso esto, No sé que pensarán de mí.

Así podría continuar el listado, las mentiras son tan diversas como variados son los corazones de los hombres, algunos pasamos de una mentira a otra en el transcurso de nuestra vida, y de esta forma vamos formando un sistema de pensamiento basado en mentiras, que aceptamos como verdad. Y todo eso debe cambiar, eso es lo que debemos anular, para así poder pasar a poner los nuevos pensamientos.

El diablo ha tenido mucho tiempo para enseñarnos mentiras acerca del sexo, mentiras que han ido permeando la mente y corazones de los mismos cristianos, que no hemos renovado nuestra mente con la palabra de Dios diariamente y esa es una de las causas por las cuales nos encontramos esclavizados al pecado, por las mentiras que creemos. En el libro de Oseas 10:13-14 dice:

"Pero ustedes sembraron maldad, cosecharon crímenes y comieron el fruto de la mentira, porque confiaron en sus carros y en la multitud de sus guerreros. Un estruendo de guerra se levantará contra su pueblo, y todas sus fortalezas serán devastadas."

Cuando pasamos demasiado tiempo de nuestra vida practicando un pecado sexual, llegamos a creer que es parte de nosotros, que somos así, que nunca va a desaparecer. Esta es una MENTIRA que llegamos ha creer como verdad, y de acuerdo a ella seguimos actuando y de acuerdo al pasaje anterior, nos llevará a la destrucción.

La fórmula de nuestro destino es bastante sencilla:

Quisiera que volvieras a leer despacio el anterior listado de mentiras y te respondas con honestidad si alguna de ellas ha formado parte de tu sistema de creencias, o si hay alguna que puedas agregar de tu propia experiencia.

La verdad de Dios nos da la salida para desenmascarar las mentiras que creemos, en Juan 8:31 dice: "Si ustedes permanecen en mi palabra, serán verdaderamente mis discípulos; y conocerán la verdad, y la verdad los hará libres".

Tenemos que ir desenmascarando las mentiras más frecuentes que esclavizan al cristiano y no le permiten disfrutar el regalo más grande que Dios nos ha dejado... *la relacion sexual en el orden de Dios.*

Te dejo con la siguiente pregunta para que la respondas en tu interior:

Capítulo 18

¿Qué mentiras estoy creyendo hoy que no me permiten disfrutar lo que Dios tiene para mi vida?

Las mentiras son la base de las tentaciones que enfrentamos los que hemos sido esclavos del pecado sexual. Y ahora al reformatear nuestra mente tenemos que hacerlo con la Palabra de Dios, con nuestros nuevos valores y principios. Las mentiras nos llegan de diferentes fuentes como por ejemplo: Los medios de comunicación como la TV, las revistas, periódicos, Cable TV, películas de cine, Internet, todos ellos nos "educan" constantemente ya que captan nuestra atención durante diferentes horas del día, todos los días, semanas, meses, y años.

Digo que nos educan porque todo lo que escuchemos o veamos con regularidad tiene un impacto en nuestra vida y en la formación de nuestros conceptos acerca de la sexualidad. Para darles un ejemplo sencillo solamente piensen en la forma cómo la generación joven de hoy ve la homosexualidad o el lesbianismo. ¿No la mira como algo normal? ¿Lo ven como algo que solamente es una "preferencia sexual"? y nos dicen a veces a los adultos, "Déjenlos en paz, cada quien con su vida, mientras no se metan con nosotros todo esta bien".

Hace unos 25 años, esto no hubiera sido posible ya que la televisión, el cine o los videos no presentaban homosexuales o lesbianas abiertamente como lo hacen hoy. ¿Qué ha sucedido? Sencillamente ha sido la acumulación o mejor dicho la perseverancia de los medios de comunicación y de la agenda gay de irnos convenciendo que ser gay es solamente una preferencia sexual, no un pecado.

Recuerda que la Biblia en Juan 8:44 dice que desde el principio éste ha sido un asesino, y no se mantiene en la verdad, porque no hay verdad en él. Cuando miente, expresa su propia naturaleza, porque es un mentiroso. ¡Es el padre de la mentira!

Es el diablo quien está detrás de toda mentira, algo que se nos olvida muchas veces porque para principiar, no nos hablan muy seguido de ese personaje llamado Diablo o Satanás.

Le hemos restado importancia a la Biblia y con ello, ha perdido su poder en nuestras mentes para rechazar las mentiras del mundo y el diablo.

Algunas de las mentiras que creemos son:

1) Un poco de Pornografía ayudará a mejorar la relación sexual con mi esposa. La pornografía no ayuda

NUNCA, en ningún caso y bajo ninguna circunstancia ya que alimenta la lujuria, es decir el deseo desordenado. Es probable que traiga cierto "placer temporal" pero al final sólo es cuestión de tiempo para ver las consecuencias. La pareja que se atreve a ingresar en este mundo se encontrará en poco tiempo buscando imágenes más provocativas sin quedar satisfechos porque la lujuria siempre pide más, de esta forma se irá degenerando hasta permitirse ver cosas que luego desearan llevar a la práctica. En el ministerio tenemos testimonios vivos de esto, por un lado de hombres que iniciaron con esto en su matrimonio y luego terminaron invitando a otra persona a que participara de su intimidad y de mujeres que nos piden ayuda por que han quedado adictas a la pornografía luego de que sus maridos las indujeron a verla.

No te engañes, la pornografía no mejorará la intimidad en tu matrimonio, lo único mejor, es una buena comunicación, una entrega a nuestro cónyuge de manera desinteresada sin egoísmos y sobre todo que nos concentremos en darle placer a ella antes que a nosotros mismos.

2) La masturbación no le hace daño a nadie.

- Cuando me case desaparecerá.
-Lo hago sólo ocasionalmente porque mi esposa no me corresponde sexualmente y no quiero adulterar.

Daremos respuesta a cada una por separado.

La mayoría de jóvenes solteros tienen esta idea en la mente, nosotros también lo creímos un día y lo tomábamos como una justificación también porque no queríamos tener relaciones sexuales antes de casarnos. Pensábamos todo el tiempo que era la mejor manera de mantenernos "puros" hasta el matrimonio, además, cuando nos casáramos íbamos a tener alguien con quien satisfacer nuestro deseo sexual. La mentira se descubre cuando llegamos al matrimonio y el *habito de la masturbacion* se ha establecido y enraízado en nuestro ser, de tal forma que no podemos dejar de hacerlo, y la experiencia de incontables hombres adictos sexuales es que por el contrario, en lugar de desaparecer o disminuir, *aumenta considerablemente*.

Querer justificar la masturbación con el hecho de que nuestra esposa es menos activa sexualmente o no quiere tener relaciones con nosotros no es válido. Lo primero que debemos entender es que la masturbación es sencillamente, *tener sexo con nosotros mismos* y que es una forma rápida, sencilla y sin mayor esfuerzo de satisfacer nuestros deseos sexuales. El problema también es que se convierte en un *hábito*, el cual trae como consecuencia que perdamos el interés en tener relaciones con nuestra esposa(o) y con ello estamos cerrando un círculo vicioso en el cual ambos cónyuges salen perdiendo pues al final de cuentas ninguno quiere tener relaciones con el otro y no es poco frecuente entonces encontrarnos con casos de adulterio en donde alguno de los dos sí encuentra una persona "que desea" tener relaciones sexuales. Masturbarnos siendo casados viene siendo una forma de infidelidad ya que nuestro cuerpo no nos pertenece a nosotros sino a nuestra esposa(o).

Entendamos lo siguiente de una vez por todas.

Acerca De La Masturbación

- La masturbación es adictiva
- La masturbación le da poder a la lujuria y control sobre nuestra mente y cuerpo.
- La masturbación es un acto egoista de autosatisfacción
- La masturbación nunca satisface, siempre pide más y nos lleva a querer hacer realidad nuestras fantasías.
- La masturbación condiciona nuestros organos sexuales a responder únicamente a la autoestimulación trayendo problemas sexuales en el matrimonio.
- Bíblicamente la masturbación nos vuelve esclavos del pecado

En Romanos 6:16 dice: *"¿No sabéis que cuando os presentáis a alguno como esclavos para obedecerle, sois esclavos de aquel a quien obedecéis, ya sea del pecado para muerte, o de la obediencia para justicia?"*

La masturbación utiliza nuestro cuerpo como instrumento de pecado

Romanos 6:12 *"Por tanto, no reine el pecado en vuestro cuerpo mortal para que no obedezcáis sus lujurias..."*

2 Timoteo 2:20-22 *"Ahora bien, en una casa grande no solamente hay vasos de oro y de plata, sino también de madera y de barro, y unos para honra y otros para*

deshonra. Por tanto, si alguno se limpia de estas cosas, será un vaso para honra, santificado, útil para el Señor, preparado para toda buena obra. Huye, pues, de las pasiones juveniles y sigue la justicia, la fe, el amor y la paz, con los que invocan al Señor con un corazón puro."

La masturbacion nos forma una mente carnal

Gálatas 5:16-18 *"Porque los que viven conforme a la carne, ponen la mente en las cosas de la carne, pero los que viven conforme al Espíritu, en las cosas del Espíritu. Porque la mente puesta en la carne es muerte, pero la mente puesta en el Espíritu es vida y paz; ya que la mente puesta en la carne es enemiga de Dios, porque no se sujeta a la ley de Dios, pues ni siquiera puede hacerlo, y los que están en la carne no pueden agradar a Dios."*

La masturbacion moldea nuestro pensamiento y lo ajusta al punto de vista de este mundo.

Romanos 12:2 *"Y no os adaptéis a este mundo, sino transformaos mediante la renovación de vuestra mente, para que verifiquéis cuál es la voluntad de Dios: lo que es bueno, aceptable y perfecto."*

1 Juan 2:15-17 *"No améis al mundo ni las cosas que están en el mundo. Si alguno ama al mundo, el amor del Padre no está en él. Porque todo lo que hay en el mundo, la pasión de la carne, la pasión de los ojos y la arrogancia de la vida, no proviene del Padre, sino del mundo. Y el*

mundo pasa, y también sus pasiones, pero el que hace la voluntad de Dios permanece para siempre."

La mentalidad de este mundo se basa en la lujuria y el placer, fácil, rápido y sin compromisos, y la masturbación alimenta todo esto. Sobre todo la masturbación te va a robar las bendiciones que Dios tiene preparadas para tu vida. Si eres cristiano, tienes **toda la capacidad** de vivir libre de esta atadura que tiene el poder de esclavizarte de por vida y dejarte viviendo como un **lisiado espiritual**, sintiéndote siempre acusado y avergonzado. Cristo vino para hacerte libre, ¡LIBRE DE VERDAD!

Todas esas mentiras que antes dominaban la mente de Manuel estaban siendo bombardeadas y deberían cambiar totalmente por las verdades expuestas en la infalible Palabra de Dios, no había argumentos, ni excusas. Pero a veces pensamos que solamente a los hombres, o que a las parejas les afectan las adicciones o problemas sexuales, también es algo que ha penetrado en nuestras jovencitas, mencionaremos las mentiras más conocidas que le dice la pornografía a las chicas.

Mentiras que la pornografía le dice a las chicas

No cabe duda que la pornografía se ha convertido en algo importante en nuestra cultura, sus consecuencias podemos verlas y vivirlas en todos lados. La pornografía es uno de los mejores inventos de Satanás, el padre de todas las mentiras. Las mujeres y jovencitas que se exponen a ella están permitiendo que su corazones sean moldeados e influenciados en por lo menos media docena de falsos conceptos transmitidos a través de la pornografía.

Mentira #1

"Mi valor como persona está determinado por mi atractivo sexual." Entre más pornografía mire una jovencita, esta mentira se impregnará más en su pensamiento. Ella constantemente se estará comparando con otras. Si es delgada, se lamentara del hecho que no es más voluptuosa. Si tiene una figura llenita, entonces deseara ser más delgada. El diablo utiliza esta mentira para atormentar a las chicas. La mentalidad que esto perpetúa es lo que alimenta a la industria de la cirugía plástica en el mundo. La verdad es que lo que le da valor a la vida de una mujer es SU VIDA EN DIOS , no su figura.

Mentira #2

"El sexo es lo mas importante en la vida." Este es el tema predominante en la industria de la pornografía. Las historias que presentan se desarrollan alrededor de escenas sexuales "perfectas". Aquellos que caen en esta mentira eventualmente se darán cuenta de que todo es una fantasía, una mentira. La verdad es que el sexo practicado en su lugar y momento apropiado es una bendición que Dios nos ha dejado, pero cuando se usa para auto satisfacción o se practica fuera de estos límites nunca podrá darnos satisfacción duradera.

Mentira #3

"Las chicas en la industria de la pornografía están disfrutando lo mejor de sus vidas." ¡No! esas chicas están allí porque lo vieron como un boleto hacia el dinero o la fama. Cualquier chica que cree que las modelos o actrices de pornografía están disfrutando de esto, deberían de considerar lo que una actriz ¡confiesa acerca de esto! "Nunca me gusto el sexo", escribe Shelly Lubben. "Yo nunca quise sexo" y de hecho hubiera querido pasar más de mi tiempo con Jack Daniels (una marca de Whiskey) que con algunos de los "sementales" por los cuales era pagada para "fingir". La industria del entretenimiento adulto está lleno de personas vacías con una vida privada miserable tratando de resolver en dónde fue que se extraviaron.

Mentira #4

"No hay nada sagrado en el sexo." Dios creó la sexualidad como un medio de expresión física entre un esposo y una esposa y con ello entregarse el uno al otro de la forma más íntima. La industria del entretenimiento adulto ha hecho su máximo esfuerzo para desvalorizarlo y llevarlo al nivel de una conducta puramente animal que se practica por instinto. O como lo describe Kathleen Parker del (Washington Post) "adultos súper dotados conformando una tropa de degenerados, maniáticos."

Mentira #5

"Darme gusto en mis deseos sexuales es liberador."

La imagen transmitida es de una mujer liberada reclamando su libertad para experimentar el placer más grande de su vida. No desean que se les impongan conceptos morales. Quieren ser libres para vivir su vida como mejor les parezca. ¿Qué cosa podría ser más liberadora que disfrutar del placer sexual? La verdad es que el pecado SIEMPRE traerá como consecuencia una terrible esclavitud. Los millones que han comprado esta mentira viven hoy en perpetua esclavitud. Los "placeres exquisitos" de su pecado han perdido su sabor y todo lo que queda es culpa, condenación y la siempre presente demanda de una adicción sexual.

Mentira #6

"El sexo ilícito no tiene consecuencias." Las imágenes de sonrisas de satisfacción y momentos apasionantes de éxtasis tergiversan la verdad de lo que viene después: vergüenza, culpa, condenación, perdida de la dignidad, la perspectiva de la persona hacia la sexualidad, contamina la mente, cercena la consciencia, endurece el corazón y llena la vida interior de perversión, además de enfermedades de transmisión sexual, embarazos no deseados, matrimonios destruidos, hijos sin padres, etc.

La pornografía promete enorme satisfacción pero deja a su esclavo en una completa miseria. Esa es la verdad que los productores de pornografía nunca le dirán a la chica que sucumbe a sus atractivos momentáneos de placer.

Todas estas mentiras tienen a muchas jovencitas atadas a un pecado que las avergüenza y las desvaloriza en su interior. Lo que más poder le da a esta adicción es EL SECRETO. Por dentro se sienten desesperadas porque no encuentran cómo salir de allí. Se han hecho miles de promesas, han orado y clamado a Dios esperando ser libres pero el monstruo sexual siempre regresa y con más fuerza cada vez. Eventualmente, lo que inicia sólo como pornografía y masturbación, terminara en relaciones sexuales físicas con la persona equivocada, en el momento equivocado y con el resultado equivocado. Pero hay una salida, hay una esperanza, hay verdadera libertad. Hemos sido muchos los que hemos encontrado esta libertad en Cristo.

"Una mentira creída por suficiente tiempo, se convierte en verdad."

En este último capítulo hemos estado hablando acerca de las mentiras que creemos con respecto al sexo, creo que algunos podrán identificar en sus vidas algunas de ellas. Recuerden que estas mentiras son muy sutiles, se esconden en nuestra mente y en nuestro corazón detrás del velo del secreto y de la ignorancia. Muchas veces son mentiras que aprendimos cuando éramos pequeños, a través de observar en nuestra casa cómo se manejaba el tema del sexo, o a través de experiencias que tuvimos voluntarias o involuntarias, también pueden tener su origen en lo que aprendimos con amigos o amigas o bien el material que escogimos para instruirnos acerca del sexo. Todas estas son diferentes fuentes de información que van sumando y sumando ideas, conceptos y conocimiento acerca del área sexual y forman un cofre llamado VERDADES QUE

CREEMOS en nuestro corazón. Luego, con el pasar de los años cuando llega la oportunidad de poner en práctica nuestra sexualidad, abrimos ese cofre y empezamos a actuar en base a lo que tenemos allí dentro.

Sería un buen ejercicio el día de hoy que tomaras un par de minutos para analizar estas preguntas, y respondértelas con toda honestidad en lo más profundo de tu corazón. Las respuestas que saques a las preguntas pueden darte la clave del problema que puedas estar atravesando en el área sexual y si tomas estas respuestas y las llevas a un consejero preparado para ayudarte en esta área, creo que llegarás a la puerta de la verdadera libertad. Veamos las siguientes preguntas:

Lo Que Aprendí Con Mis Padres

¿Qué cosas escuché, ví y experimenté en mi primer hogar, el hogar de mis padres, con respecto al sexo?

¿Era normal hablar de sexo o no?

¿Tuve alguna experiencia sexual (voluntaria o no) de niño con alguien en mi casa?

¿Un pariente, amigo o alguien más?

¿Vi en alguna oportunidad a mis padres teniendo relaciones íntimas?

¿Encontré pornografía en mi casa siendo niño?

¿Fui expuesto a la desnudez del sexo opuesto a edad temprana?

¿El tema del sexo era un "tabú"?,

¿Algo de lo que nadie habló nunca?

Mis propias experiencias

¿Cómo fueron mis primeras experiencias sexuales?
¿A qué edad? (A menor edad, mayor el daño)
¿Fue la experiencia voluntaria o involuntaria?
¿Fue la experiencia con alguien del mismo sexo?
¿Sabe alguien más acerca de esto?

Lo Que Aprendí En Mi Pasado

¿Lo que aprendimos del sexo en nuestro pasado?
¿Cómo lo aprendimos?
¿Con quiénes lo aprendimos?
¿La información viene del mundo o de parte de Dios?
¿Aprendimos a "usar" el sexo como anestesia para el dolor?
¿Es positivo o negativo lo que aprendimos?
¿Aprendimos que es bueno, placentero y bendecido
por Dios para disfrutarlo dentro del matrimonio o
que es sucio, doloroso y que puede
ser usado cuando sientas deseos?

Si has hecho un examen detallado de estas preguntas y de algo más que te haya venido a la mente, ya puedes identificar si hay alguna mentira que estas creyendo, puedes saber de qué está lleno tu cofre de VERDADES, y entonces puedes identificar por qué piensas y actúas como lo haces en el área sexual.

Manuel tenía un nuevo reto delante de él, debería hacer un estudio retrospectivo y honesto de la forma en cómo había llenado su cofre de verdades sobre la sexualidad, ya que eso aprendido había regido su vida por todo el tiempo anterior.

Todas estas mentiras tienen su origen, su raíz, su fuente, en ese cofre de "VERDADES" que acabas de identificar. Se han ido formando con el tiempo, con los años y con la práctica.

El problema sexual no desaparecerá hasta que podamos identificar cuáles son las mentiras que manejan nuestra conducta y las *confesemos*, luego tomemos las acciones necesarias para *erradicar* de nuestra vida las situaciones, lugares, personas y objetos que nos permiten o bien facilitan el pecado en nuestra vida.

Podría dar mil y un consejos y muchos versículos bíblicos para ayudarte a vivir una vida libre de estas mentiras, pero luego de 20 años de vivir esta batalla puedo asegurarte que nada de esto funcionará hasta que no tomes la decisión de vivir estos sencillos consejos que te enumero a continuación:

1. Confesar a alguien cuáles son los pecados en que caes cuando nadie te ve. Cuando estás completamente solo. Cuando no hay nadie alrededor.
2. Amputar o erradicar de tu vida las situaciones, personas y cosas que te facilitan el pecado
3. Entregar cuentas de tu vida de manera constante y permanente. Buscar un amigo o amiga de responsabilidad que te conozca tal y como eres, con tus luchas, tus debilidades y tus tentaciones.
4. Reunirte con otros que están en la misma lucha que tu con regularidad

5. Ayudar a otros en la medida que tu sales de la esclavitud, ayuda a otros con tu testimonio y consejos sobre lo que tú has vivido te ayudará a mantenerte alerta y cuidadoso de tu vida también.

Todos estos consejos no anulan de ninguna manera la búsqueda de Dios en oración, ayuno y lectura de la Biblia, pero no será hasta que empieces a obedecer a Dios dejando de pecar que estas disciplinas empezarán a hacer efecto en tu vida.

Te dejo en manos del Espíritu Santo para que te ayude y te revele el interior de tu corazón y puedas vivir todo el propósito de Dios en tu vida.

Manuel sólo sabía una cosa: El tenía que tomar sus propias decisiones para cambiar los pensamientos dominantes de su mente y que controlaban su Corazón, razón por la cual lo llevaban a la acción. Y estaba seguro que había tomado la decisión correcta: comenzar a caminar con nuevos pensamientos, nuevos valores y un nuevo código de honor, que de aquí en adelante regiría su vida.

Capítulo 19
Pidiendo la ayuda Divina

Ora, clama o reza al Todopoderoso, para que el día de hoy puedas desarrollar el autocontrol mental, emocional y físico y puedas vencer al adulterio o cualquiera de las adicciones sexuales que te han estado dominando.

Todos los programas de restauración de una o de otra manera reconocen que hay un poder infinito del cual dependemos, y al cual podemos clamar en momentos de debilidad y flaqueza para que nos ayude a vencer. Cuánto más nosotros que amamos a Dios, tenemos que depender de Él, para poder salir de este abismo de desesperación, del lodo cenagoso, Cristo declaró: *"separados de mi nada podéis hacer"*.

El camino a la libertad es el camino que todos aspiramos y es el camino natural del ser humano. La única razón por la que hoy no somos libres es porque "creemos" que la libertad es una fantasía. La libertad iniciará cuando decidamos superar esos pensamientos limitantes y decidamos enfrentarnos a nosotros mismos a través de un constante trabajo interno. Todo lo que hoy hacemos y nos hace sentir mal, es la sintonía de que es necesario superar algo.

Cuando hablamos de oración, generalmente lo asociamos con Dios, con espiritualidad, con pedir algo, con cerrar los ojos y entregarse a un ser supremo… la oración la asociamos con muchos conceptos. Todos los conceptos tienen una verdad, sin embargo, muchas veces oramos sin que dé resultado, cuando esto sucede, nos desanimamos y optamos por dejar de orar y damos una razón "¿Para qué? Si de todos modos no pasa nada, sólo pierdo el tiempo".

Desde que éramos pequeños nos enseñaron a orar, nos enseñaron a hablar con un Dios como un ser externo a nosotros, como una persona de un máximo rango al que deberíamos temer porque podríamos ser castigados.

Cuando comenzamos a tener uso de razón, nos quedamos con la imagen de que había un ser superior capaz de castigarnos, darnos la vida y la muerte, vigilarnos para que fuéramos conducidos por el "buen" camino. Y creamos una línea imaginaria entre Dios y nosotros, donde, de aquel lado está Dios y de este lado estamos nosotros.

Los vínculos se pierden más, cuando le pedimos a Dios deseos, y estos no son cumplidos. Es cuando creemos que no hay Dios, que no somos dignos de su amor, que hemos sido tan pecadores que no somos escuchados, o que simplemente Él no quiere darnos lo que necesitamos.

Cuando éramos pequeños, éramos dependientes de nuestros padres, no podíamos tener lo que necesitábamos si no fuera mediante ellos. Nosotros solamente tomábamos lo que ellos nos proporcionaban. Ahora, siendo mayores, somos los que damos, ahora son los pequeños los que toman de nosotros. Sin embargo, debido a la ruptura del vínculo con Dios, seguimos creyendo que es Él quien debe darnos por toda la vida, nos sentimos como seres separados, nos seguimos sintiendo como los pequeños que seguirán recibiendo de su mano todo lo que necesitamos; la desilusión viene después, cuando hablamos y no somos escuchados, pedimos y no recibimos.

Es probable que hayas pedido algo a Dios y se te ha concedido, es cuando podemos dar gracias a sus bondades y podemos decir que Dios si está con nosotros, pues nos ha dado muestra de su bondad. Pero, ¿Por qué somos ignorados tantas veces? ¿Por qué muchas veces nuestra oración no tiene el poder que nosotros esperamos? Pienso que la respuesta rige principalmente porque nos sentimos separados a Dios, seguimos creyendo que entre Él y nosotros hay un gran abismo, y sólo pidiendo con palabras adecuadas recibiremos todo lo que queramos.

Posiblemente hemos olvidado que tenemos una unión con Dios, posiblemente ya hemos olvidado que Dios vive en nosotros y juntos le damos vida a nuestra realidad. Somos una parte de Dios, y aunque estamos separados físicamente seguimos unidos en nuestro Interior.

¿Cuántas veces hemos pedido en oración algo a Dios, mientras nosotros seguimos sentados esperando su bondad? ¿Cuántas veces leemos una oración y por más que nos concentremos no logramos lo que deseamos? ¿Cuántas desilusiones divinas hemos tenido?

Muchas veces nos han dicho que la oración la debemos hacer con Fe, extraída desde el fondo de nuestro corazón. ¿Por qué hacer una oración desde el fondo de nuestro corazón? Porque Dios vive en el fondo de nuestro corazón.

Si estoy seguro que Dios y yo formamos "uno mismo", entonces estoy seguro que seré escuchado cuando hable desde el fondo de mi corazón. Puedo leer una oración escrita por una persona conocida o desconocida, pero si la leo como un poema, estaré recitando un verso en lugar de hacer una oración.

Si deseo que se me cumpla un propósito, y confío en Dios que se logrará, mientras espero sentado su solución, entonces seguiré pensando que Dios y yo somos personas separadas, por lo que el logro de los propósitos se alejará.

El poder de la oración es infinito, cuando nos integramos al cumplimiento de los deseos. Pedir en Oración nuestros deseos debe estar acompañado de la acción. Debo iniciar mi oración sabiendo que estoy unido a Dios, por lo tanto, "pido y me levanto a buscarlo", siendo ésta la forma responsable de buscar la superación.

Si alguien me hace un daño y le pido de Dios que lo perdone, entonces sigo pensando que Dios y yo somos seres separados. Si alguien me hace daño y asumo la responsabilidad de perdonarlo desde el fondo de mi corazón entonces estoy creando la comunión con Dios y yo.

El Poder de la Oración es infinito, cuando integramos a Dios en nuestra vida y nos convertimos en uno mismo. La Oración es sólo palabras cuando creemos que no somos parte de Dios, la Oración crea Poder cuando nosotros le damos el poder desde el fondo de nuestro corazón.

Ejercicio. En un lugar muy tranquilo, cierra los ojos, y siente a Dios en el fondo de tu corazón. Siente la tranquilidad del amor de Dios, intégrate a su amor, y escucha su voz llena de paz, calma y felicidad. Crea una unión con Dios. Aquí inicia el amor. Recuerda, el Poder de la oración es infinita, cuando nos integramos al cumplimiento de los deseos. Actuando en base a nuestros principios y a nuestro código de honor.

Dios está tan cerca de ti, porque está dentro de tu vida, así que acércate a Él confiadamente para que te dé la fuerza necesaria y poder ser más que vencedor en medio de la adicción, de la aflicción y de la angustia.

A continuación transcribimos una carta de un padre adúltero, que estaba abandonando a su familia: La siguiente carta contiene el triste legado de un padre a su hijo:

Amado Luisito:

Antes de empezar esta carta quiero decirte cuánto te amo y que nada de lo que ha pasado o pueda suceder es tu culpa. Si yo hubiera sido tan buen padre como tú has sido un buen hijo, no hubiera necesidad de escribirte esta carta.

A través de los años he sido infiel a tu madre, en pensamiento y también de hecho. Debido a que tu madre siempre tuvo una confianza ciega en mí, he podido cubrir mis infidelidades siempre mintiéndole a ella.

El pasado mes de Mayo conocí a una mujer en México, su nombre es Susana. He iniciado una relación con ella y pienso abandonar a tu madre para irme a vivir con ella. Lo que he hecho es moralmente malo y espero hijo mío que nunca sigas mis pasos. Cuando conozcas a la mujer de tu vida, haz un compromiso con ella de por vida, yo nunca pude hacer esto y me ha causado mucho dolor, vergüenza, culpa y condenación todos estos años.

Por favor no le eches la culpa a tu madre, ni vayas a cambiar tus sentimientos hacia ella o hacia mí por este asunto. Ambos te amamos mucho y necesitamos de tu amor hoy más que nunca. Siempre seremos tus padres y siempre estaremos aquí para ayudarte aunque vivamos separados.

Te ama, Tu papi.

Un hombre le mostró esta carta a su hijo y le preguntó qué pensaba de ella, su respuesta punzante fue: *¡Por favor papi, no vayas a pecar!* Al leer esta carta me viene a la mente esto:

¿Realmente este hombre creía que al escribirle a su hijo esta carta y decirle que nunca siguiera sus pasos, podría revertir el daño que ya había causado? Meditemos hoy en el daño que le hacemos a nuestra familia cuando pecamos sexualmente, sea de hecho o de pensamiento. Recuerda, tus hechos de hoy, un día fueron solamente un pensamiento.

"Ahora, Señor, ¡Deja sentir tu poder! Tú mismo has dicho que eres lento para la ira y grande en amor, y que aunque perdonas la maldad y la rebeldía, jamás dejas impune al culpable, sino que castigas la maldad de los padres en sus hijos, nietos, bisnietos y tataranietos. Por tu gran amor, te suplico que perdones la maldad de este pueblo, tal como lo has venido perdonando desde que salió de Egipto. El Señor le respondió: Me pides que los perdone, y los perdono." Números 14:18

Yo creo que pudiéramos continuar narrando historias desgarradoras como resultado inherente a los pecados de infidelidad, pero el punto es este, necesitamos la ayuda de Dios para poder vencer este flagelo que está destruyendo a nuestras familias y a nuestra sociedad. No podemos continuar indiferentes, y cada uno de nosotros puede comenzar a producir el cambio.

Amado Nervo escribió un poema de antaño, que describe muy vividamente el llamado que Dios nos hace para que nos encontremos con Él, y dejemos todo, ya que la ayuda divina viene de Él:

Si tú me dices ven

Si tú me dices ven, lo dejo todo...
No volveré siquiera la mirada
para mirar a la mujer amada...
Pero dímelo fuerte, de tal modo
que tu voz como toque de llamada,
vibre hasta el más íntimo recodo del ser,
levante el alma de su lodo
y hiera el corazón como una espada.
Si tú me dices ven, todo lo dejo...
Llegaré a tu santuario casi viejo,
y al fulgor de la luz crepuscular,
más he de compensarte mi retardo,
difundiéndome ¡Oh, Cristo! como un nardo
de perfume sutil, ante tu altar.

Amado Nervo

Capítulo 20
Camina acompañado

Manuel sabía que no había otro camino, o buscaba a Dios con todo su corazón y se volvía a el, para que le fuera devuelta su dignidad o siempre caminaría dando tumbos en su vida, de un lado para otro y siempre ocultando los más negros y oscuros pensamientos de su ser.

Ahora unos nuevos principios le eran entregados por Mario, ya que el proceso era paso a paso, hasta que de una forma integral dominara cada uno de ellos de una forma alterna. Ningún principio es mejor que otro, y ninguno es más prioritario que otro; todos están entrelazados entre sí, y son concomitantes uno del otro. Y estos dos estaban intrínsicamente ligados uno al otro. La tarjeta decía lo siguiente:

Camina acompañado. Es necesario que tengas a un amigo(a) o compañero(a) (de tu mismo sexo) para que te ayude en los momentos de lucha y de debilidad.

Da cuentas de tu vida. Intégrate a un grupo, club o iglesia en donde tengas que entregar cuentas (dar un reporte) de cómo te está yendo en la solución de tu problema.

Lo que somos a solas y en la intimidad es lo que realmente somos.

La norma de conducta debería ser, lo que nos atrevemos a hacer frente a los demás, es lo que deberíamos hacer cuando estamos a solas. Dijo Mario mientras se sentaba en su sillón.

El diccionario define el "dar cuentas" como: "Una obligación o disponibilidad de uno, de aceptar la responsabilidad de entregar cuentas en cuanto a su comportamiento".

No es simplemente alguien checándote en cuanto a tu vida o una sesión de preguntas sobre tu biografía. Es más bien que alguien te mantenga responsable de cumplir con tus responsabilidades y con tu nuevo estilo de vida. Manuel esto será siempre indispensable en ti, para el resto de tus días. Eso quiere decir, que de aquí en adelante siempre tendrás que dar cuentas a alguien, y nunca debes caminar solo por el derrotero de tu vida. Tiene que ser alguien que realmente respetes, admires y que siempre trates de imitar.

Para nuestros propósitos aquí en este libro, definiremos el dar cuentas como: "darle permiso a alguien de preguntar cosas muy personales para que te puedan ayudar a cumplir con tus responsabilidades dadas por Dios y con tu nuevo estilo de vida que tiene como marcos de referencia la integridad, santidad y honestidad a toda prueba".

¿A qué se parece dar cuentas? Patrick Morley, en su libro: "El hombre en el espejo", lo llama: "El eslabón perdido del cristianismo". Ya que es una práctica a la que NO estemos acostumbrados, aunque la escritura sí nos dice que demos cuentas, ya que el dar cuentas cubre nuestras espaldas y nos da seguridad sobre lo que estamos haciendo.

En He. 10:23-25 dice lo siguiente: *"Mantengámonos firme, sin fluctuar, la profesión de nuestra esperanza, porque fiel es el que prometió. Y considerémonos unos a otros para estimularnos al amor y a las buenas obras; no dejando de congregarnos como algunos tienen por costumbre, sino exhortándonos; y tanto más, cuanto veis que aquel día se acerca".*

"Por tanto, es necesario que con mas diligencia atendamos a las cosas que hemos oído, no sea que nos deslicemos. Mirad hermanos, que no haya en ninguno de vosotros corazón malo de incredulidad para apartarse del Dios vivo; antes exhortaos los unos a los otros cada día entre tanto que se dice: hoy; para que ninguno de vosotros se endurezca por el engaño del pecado. Porque somos hechos participantes de Cristo, con tal que retengamos firme hasta el fin nuestra confianza del principio, entre tanto que se dice: Si oyereis hoy su voz, no endurezcáis

vuestros corazones, como en la provocación." He. 2: 1; 3: 12-15.

El sabio rey Salomón en su manera muy particular lo dice en Ecl. 4:8-12: *"Está un hombre solo y sin sucesor, que no tiene hijo ni hermano; pero nunca cesa de trabajar, ni sus ojos se sacian de sus riquezas, ni se pregunta: ¿Para quién trabajo yo, y defraudo mi alma del bien? También esto es vanidad, y duro trabajo. Mejores son dos que uno; porque tienen mejor paga de su trabajo. Porque si cayeren, el uno levantará a su compañero; pero ¡Ay del solo! Que cuando cayere, no habrá segundo que lo levante. También si dos durmieren juntos, se calentarán mutuamente; más ¿Cómo se calentará uno solo? Y si alguno prevaleciere contra uno, dos le resistirán; y cordón de tres dobleces no se rompe pronto".*

Después declara cuál son los propósitos de tener alguien a quién dar cuentas:

"Para librarte del mal camino, de los hombres que hablan perversidades, que dejan los caminos derechos, para andar por sendas tenebrosas; que se alegran haciendo el mal, que se huelgan en la perversidad del vicio; cuyas veredas son torcidas, y torcidos sus caminos. Serás librado de la mujer extraña, de la ajena que halaga con sus palabras, la cual abandona al compañero de su juventud, y se olvida del pacto de su Dios. Por lo cual su casa está inclinada a la muerte, y sus veredas hacia los muertos; todos los que a ella se alleguen no volverán, ni seguirán otra vez los senderos de la vida. Así andarás

por el camino de los buenos, y seguirás las veredas de los justos; porque los rectos habitarán la tierra, y los perfectos permanecerán en ella. Mas los impíos serán cortados de la tierra y los prevaricadores serán de ella desarraigados." (Pr. 2: 12-22).

Meditando en estos pasajes con intencionalidad y con un corazón sensible y dispuesto a obedecer Manuel se da cuenta que realmente las consecuencias de no tener a quién dar cuentas son devastadoras, llevan a la muerte total y al desarraigo emocional, sentimental y físico.

Rendir cuentas es un ejercicio que redunda en un gran beneficio para el que está dispuesto a someterse. Y realmente nadie en esta vida debería vivir sin dar cuentas de su conducta, de sus pensamientos, de sus debilidades, de sus tentaciones, de sus adicciones y enfermedades que está enfrentando. El escritor de la epístola de Santiago nos demanda dar cuentas cuando dice:

"Confesaos vuestras ofensas unos a otros, y orad unos por otros, para que seáis sanados. La oración eficaz del justo puede mucho" (Stgo. 5:16).

Al dar cuentas hay una gran cobertura sobre la persona que lo hace, ya que al dar cuentas tiene que ser de todos los aspectos de tu vida, de todas las áreas, y aun de tus propias intimidades, algunas de las preguntas que te debe hacer al que le das cuentas son:

Rendir Cuentas. Contestar Preguntas.

Algunas preguntas que tendrás que contestar al rendir cuentas

¿Cuáles son las áreas de tu relación con Cristo en las cuales tienes luchas en este momento?
¿Has pasado el tiempo en comunión con Cristo que necesitas pasar?
¿Estás disfrutando de esa comunión?
¿En cuál área de tu vida te sientes más tentado a mentir?
¿Qué diría tu cónyuge que estás contribuyendo a su vida?
¿Tus hijos qué te dirían?
¿Has pasado tiempo de calidad con ellos esta semana?
¿En qué área de la pureza moral tienes más luchas?
¿Te has expuesto a material sexual explícito esta semana?
¿Has tenido fantasías sexuales?
¿Te has metido en otras cosas que pueden contribuir a tener pensamientos impuros y deseos desordenados?
¿Has estado con alguien del sexo opuesto en una situación comprometedora esta semana?
¿Tienes asuntos financieros que indican falta de integridad?
¿Qué estás haciendo para mantener una buena condición física?
¿Qué has hecho en estos días para extender el Reino de Dios?

Estas preguntas son sólo algún ejemplo de todas las cosas que se tienen que dar cuentas, ya que al dar cuentas se debe hacer de cada una de las áreas de nuestra vida, sin excluir ninguna de ellas. Tiene que ver con el área espiritual, moral, familiar, conyugal, sexual, financiera, física, e intelectual.

Para Manuel quedaba claro que él jamás, bajo ninguna circunstancia debería verse envuelto en una situación comprometedora con una mujer, soltera o casada, ya que el entendió que era mejor no prestarse a ese tipo de situaciones, para no tener ninguna tentación cerca de él, ni de su corazón.

No había duda Manuel ya había encontrado a su mentor, y ese mentor era su pastor, un hombre de gran integridad, además era psicólogo de profesión, y un ministro cristiano reconocido, uno que vivía lo que predicaba, y Manuel necesitaba con urgencia alguien así, alguien a quien pudiera abrirle su corazón sin dobleces ni hipocresías, aparentando algo que no era, y tratando de vivir como otra persona. Ahora había determinado ser honesto y transparente.

También tenía que dar cuentas a María, ahora ninguna decisión que él tomara debería ser unilateral, María debería tener acceso a las cuentas del banco, a la chequera, a su cuenta de correo electrónica, a su computadora, a su celular, y eso no era porque María lo estaba pidiendo, aunque tenia todos los argumentos necesarios para hacerlo, sino porque ahora Manuel sabía rendir cuentas. Y de esa manera ya no iba a caminar al descubierto.

La necesidad de un mentor

Cuántas veces Manuel hacía sólo su voluntad, dejaba de lado el consejo de su esposa, las palabras de advertencia que ella le daba. Se creía sabio en su propia opinión, no hacía la voluntad de Dios, ya que la voz interna de su conciencia y del Espíritu muchas veces le hablaba, le señalaba el camino y le decía que por donde iba no era el correcto, pero con sus banalidades y sus falsas preposiciones de su malgastada moral y deteriorado cofre de valores, seguía caminado solo, sin oír consejo de nada ni de nadie, pero eso ya había comenzado a cambiar a partir de hoy. Con ese pensamiento en mente salió de la oficina-consultorio de Mario, y enfiló camino a su casa, no sin antes leer el último escrito que le había dado Mario:

Hace varias semanas realicé junto a mi familia un viaje al interior del país. Todo iba muy bien hasta que empezó a oscurecer y me pude dar cuenta de una nefasta situación. Una de las luces del carro no funcionaba. ¿Qué hacer en medio de la oscuridad sólo con el 50% de iluminación? La preocupación familiar no tardó en aflorar. Sin embargo, luego de avanzar algunos metros nos encontramos con un vehículo que iba delante nuestro y en ese momento al ver hacia delante supimos que hacer: Teníamos que seguirlo hasta donde nuestra ruta común lo permitiera. Me aproveché de la iluminación de otro vehículo para poder guiar el mío. En un momento dado, el vehículo tomó un cruce que no era necesario para el destino que yo llevaba y tuvimos que pasar nuevamente un tramo en complicaciones hasta que encontramos otro vehículo que nos iluminara el camino.

¿Te ha pasado eso en su vida? Seguramente a todos nos ha pasado. Probablemente no en una carretera, pero si en el diario vivir. Personalmente recuerdo las ocasiones en que teniendo un destino preestablecido en mi mente, una meta anhelante de alcanzar, un propósito el cual cumplir, me encontraba sin poder avanzar dada la oscuridad en que mi ser interior se encontraba preso del pecado oculto. Mi interior deseaba algo distinto, pero no podía avanzar en soledad en medio de esa oscuridad. Una oscuridad que empezó a afectar no sólo mi persona, sino mi entorno cercano y amado: mi familia, mis relaciones con amigos, mis parientes, con mi congregación y sobre todo con Dios.

Cada paso que avanzaba en la oscuridad generaba mayor angustia y temor, sabiendo la falsedad en que me encontraba y que tarde o temprano podría ser víctima de un desastre total. Hoy puedo reconocer que era necesario un cambio de actitud en mi vida, un arrepentimiento genuino, un deseo profundo desde lo más hondo de mi ser por cambiar, pero también era necesario seguir la "iluminación" de alguien que fuera delante de mi para seguirle los pasos.

Dios, en su infinita gracia, permitió que encontrara una persona que en el amor de Cristo me brinda apoyo, me da dirección, corrección y llamadas de atención de ser necesarias. Llámele pastor, guía, líder, mentor o amigo. El título no es lo importante para este tipo de personas, su función de protección es la que los define como un resguardo y guía que Dios permite que tengamos para poder encontrar la luz necesaria para la ruta que nos ha sido asignada a cada uno para alcanzar las metas que Dios ha diseñado para nuestras vidas.

Es en momentos como estos que veo lo pobre que puede resultar nuestro lenguaje para poderle transmitir la importancia que en mi vida, han tenido estas personas (pues a Dios gracias hoy son ya varias) y despertar en usted la decisión de hacer de un cristiano maduro en la fe y que en el amor de Cristo le pueda ser de iluminación en su caminar. Encontrar vehículos iluminados delante de mi evitó que tuviera algún accidente de tránsito, encontrar personas que iluminen mi vida me ayuda a mantenerme firme, a seguir confiando en medio de la prueba, a creer que existe un plan maravilloso diseñado por Dios para mi vida.

Después de esta lectura, Manuel recordó que Jesús siempre envió a sus discípulos de dos en dos, Pablo encontró a su Bernabé, Siempre en las iglesias eran constituidos un grupo de ancianos, y nunca Pablo realizó un viaje misionero solo, hasta el llanero solitario tenía de acompañante al indio llamado Toro, así es que nadie puede caminar por la vida solo, sin rendir cuenta de cada palabra, de cada acción y de cada pensamiento.

Capítulo 21

Comparte tu experiencia, valora tu nueva vida y da gracias

Ya habían transcurrido varios meses, desde la primera vez que Manuel se reuniera con Mario, y con su pastor, ahora sus mentores, y líderes a los cuales él entregaba cuentas de su vida personal, espiritual, familiar conyugal y financiera. No había área en que no le pidieran cuentas sus mentores.

Retrocediendo un poco más atrás en el tiempo, comenzó a recapitular cuando le fueron dados los últimos mandamientos del decálogo de los AA, inclusive se preguntaba qué tan oportuno y necesario sería formar el grupo de Adúlteros Anónimos o IA (Infieles Anónimos). El nombre era lo de menos, los principios aplicados era lo importante, ya que eso le había ayudado a él, a salir adelante a restaurar su matrimonio, y a creer que hay esperanza, que hay restitución y restauración de todo.

Los principios que le entregaron eran los siguientes:

Comparte tu experiencia. Testifica y anima a otros que están atravesando el mismo problema, para decirles que sí se puede vencer y que el problema del adulterio tiene solución.

Valora tu nueva vida. Ahora tu vida tiene un nuevo sentido, tienes una nueva oportunidad, así es que aprovéchala al máximo, para restaurar, perdonar y volver a vivir con esperanza.

Da gracias. Cada día por la noche, da gracias al Todopoderoso, por el día que has vivido y cómo has podido vencer el día de hoy al demonio del adulterio.

No había lugar para ni una duda, de cuál iba a ser el trabajo de Manuel de ahí en adelante, compartir, apoyar y ayudar a restaurar a todos aquellos que estaban luchando contra las adicciones sexuales. En donde sea que él fuera y sea cual sea el entorno de cada persona hay la oportunidad de compartir tu testimonio, de lo que eras y hacías antes y de lo que ahora eres por la gracia de Dios, y por la oportunidad que te dieron tus seres queridos, o tu esposa, o tus hijos.

Además cada vez que compartes, estás afirmando tus valores, estás recordando tus principios y estás leyendo tu Código de Honor. Ya que como dice el Apóstol Pablo la voluntad de Dios es nuestra santificación: *"La voluntad de Dios es vuestra santificación: que os apartéis de fornicación; que cada uno de vosotros sepa tener su propia esposa en santidad y honor, no en pasión*

desordenada, como los gentiles que no conocen a Dios."
(1 Tesalonicenses 4:35 RV95).

Esa es la voluntad de Dios para toda la humanidad y es nuestro deber compartirlo, cada vez que Manuel compartía la gracia de Dios en su vida, cerraba las puertas a la tentación, al pecado, a los flagelos de la familia, de la iglesia y de la sociedad, ya que con su corazón creía para justicia y con su boca confesaba para santificación; de esa manera no daba oportunidad como lo hizo anteriormente, en donde muchas veces no anunciaba su fe en Jesucristo, no mencionaba sus valores, ni ponía de manifiesto sus principios. Y eso realmente lo hacía porque su Código de Honor era en ese tiempo sólo una burda caricatura de los planes de Dios para su vida.

Manuel había experimentado la gracia (darnos lo que no merecemos) de Dios, en toda su intensidad, y había participado de su misericordia (no darnos lo que merecemos) sobreabundantemente, así es que siguiendo el patrón bíblico que dice: dad de gracia, lo que de gracia recibiste, y reconociendo que al que mucho se le perdona, mucho ama, Manuel compartía sin dudar su nueva vida, su nueva experiencia y cómo Dios el creador de todo el cosmos, le había dado a él su última oportunidad, ya que Dios es un Dios de oportunidades, un Dios de esperanzas y un Dios de cambios.

En un principio María, no quería atreverse a tanto, se conformaba con saberse restaurada, amada plenamente, y con un hogar y familia estable. Pero en una ocasión escuchó a un orador que dijo: "en tus problemas está tu misión". Ya no hubo duda en ella, ¿Cuáles habían sido sus problemas? Pues ahí estaba la misión de ella, de su matrimonio, de su familia, habían encontrado su razón de ser. Su destino ya estaba escrito y marcado, ellos deberían ayudar a muchos más a salir del pozo de la adicción sexual, y cómo el cónyuge puede ser una piedra angular en el proceso; tal como María lo era en la vida de Manuel.

Si tú has llegado hasta esta pagina de este libro, y haz realizado cada uno de los ejercicios que Manuel llevó acabo para el proceso de restauración, indiscutiblemente tú estás siendo o haz sido restaurado, por lo tanto ahora tienes una misión más, y es compartir lo que tú haz experimentado en tu proceso personal, no dejes de hacerlo. No rompas la cadena de restauración total que Dios quiere hacer con una humanidad lacerada por la concupiscencia, cautivada por la lujuria y seducida por la infidelidad, es ahora tu responsabilidad personal.

Valora tu nueva vida

Todo es nuevo, el aroma de las flores, el salir del sol, su ocaso es maravilloso, Manuel y María tomados de las manos caminan hacia un nuevo destino, hacia una novedad de vida. La metamorfosis se está completando, el gusano se está convirtiendo en una hermosa mariposa. Han dejado de arrastrase por el pecado de la adicción sexual y sus trágicas consecuencias. Están juntos construyendo un nuevo futuro, marcando un nuevo camino para sus hijos: Manuelito y Andreita.

El ayer ya pasó, pero no lo olvidan para no retroceder el camino andado, ya no los lastima, ya no les duele, las heridas han cicatrizado, pero están visibles, siempre se pueden ver, ya que toda cicatriz deja huella, pero ya no está infectada, ya ha sanado, en el proceso de restauración y de sanidad, al aplicar el alcohol ardía la herida, lastimaba la costra, era incomoda la venda, los movimientos eran lentos, el cuerpo lastimado no tenía la misma movilidad.

Cuando recuerdan el proceso, no hay nostalgia, tampoco hay dolor en sus miradas, pero siempre hay una mirada de prevención, de alerta, de cuidado, de cobertura el uno para el otro, y de todos para uno. La unidad familiar es real, hay diferencias de opinión, ¡claro que si! Están unidos en medio de sus individualidades, uno es el complemento de otro, se apoyan, se aman, se cuidan.

La vida de Manuel ha dado un giro de 180 grados, iba camino a la destrucción de una forma acelerada, estaba destruyendo su propia vida, la de sus hijos, la de su amada esposa, la de sus condiscípulos, la de sus discípulos, la imagen de su Dios y Señor, y también la credibilidad de su iglesia y organización.

Ya han pasado varios años, el proceso fue agotador y estuvo en varias ocasiones a punto de doblegarse, pero él no podía desaprovechar su última oportunidad. Le costó recobrar la autoridad en su hogar, y más que nada en la vida de sus hijos, estando en medio de esta gran tormenta, le escribió a sus hijos la siguiente carta:

Hola hijos:

Antes que nada quiero decirles que me siento frustrado y triste, por muchas cosas que en el transcruso del tiempo van pasando, como la de anoche.

No hubiera querido darle la razón a su mama, pero creo que al final de cuentas si la tiene.

A veces en momentos de enojo, uno dice cosas que no debió haber dicho, pero las dijimos, así es que nos ofendemos, herimos y lastimamos, por eso les pido perdón, ustedes son mis hijos y los quiero mucho, y a pesar de todo jamás los quiero ni los puedo dejar de amar, porque ustedes siempre serán mis hijos, y sin importar lo que pase jamás serán mis ex hijos.

Quiero abrirles un poco mi corazón, me he sentido muy frustrado porque no estoy logrando las cosas que me he propuesto en este tiempo, pareciera ser que todo me sale mal, sé que a veces hemos pensado que fue un error venir aquí, pero quiero decirles que Dios nos trajo aquí, y que Él tiene planes desde la eternidad para cada uno de ustedes, y que esos planes tarde que temprano se tendrán que cumplir. Y más vale que sea temprano antes que tarde.

Hijo, perdóname porque te he fallado como padre, y eso tú lo sabes mejor que nadie, pero creo que eso todavía no es pasado para ti, y pareciera ser que no cuento contigo, son cosas sencillas las que te he pedido, por si no te has dado cuenta hay cosas en las que ahora yo te necesito, pero me siento triste al oirte decir que no cumplo como padre, y si bien es cierto que he fallado anteriormente por mis malas decisiones, en estos últimos años, han sido por circunstancias fuera de mi control, pero creo que por 17 años te he demostrado que no he sido haragán, siempre he trabajado y siempre te he mantenido, tal vez no como has querido, pero si lo mejor que he podido, pero creo que al final de cuentas mamá tiene razon, ya no hay que pedirte nada a ti, pero dime ¿tú crees justo, que solo pienses en ti?, por si no te has dado cuenta mama y yo siempre te hemos preferido sobre nosotros mismos, inclusive ahora últimamente he preferido que tú te lleves el auto nuevo, y yo me sigo llevando la camioneta, tú eres mi hijo varón preferido, hemos hablado con respecto a que pudieras lavar el carro de mamá, y son muy contadas las ocasiones en casi 9 meses que lo has hecho, creo que con los dedos de la mano puedo contar las ocasiones, dime ¿tú crees que es justo? ¿Crees que es justo cuando prefieres estar con tus amigos que con nosotros tu familia? Y que estando con ellos te cueste contestar el teléfono que por cierto nosotros pagamos? ¿Y que te resulte hasta molesto un favor que uno te pide? ¿Crees que es correcto, ni siquiera lavar tu baño, ir a tirar la basura de la casa y que cuando llega mamá con hambre todavía te tiene que cocinar y que a pesar de todo eso tu no quieres honrarla, sino que por el contrario le lastimas con los actitudes que tienes? Sin importarte el dolor de ella, y los sentimientos que ella tiene? ¿Que cuando te decimos que uses el pantalon normalmente al final de cuentas te lo pones como a ti te da tu regalada gana? Dime hijo entonces ¿En qué podemos contar contigo?

Yo me resisto y siempre que lo platico con mamá, ella prefiere no pedirte nada, por eso siempre yo quedo como el malo de la película, pero eres eso, eres nuestro hijo y creo que puedo contar contigo.

¿Crees correcto que ahora yo sea tu payaso y que continuamente te burles de mi? Si contesto que estoy enojado, si no contesto me irritas hasta que contesto y me enojo, pero hijo yo no estoy dispuesto a seguir siendo tu burla, si eso es ahora que no me mantienes, imagínate si lo llegaras a hacer, hijo todo esto me frustra.

Dime ¿Tú crees que no lloro cuando veo que no puedo apoyarte más de lo que tú necesitas como mi hijo? ¿Crees que no siento? ¿Crees que estoy contento en cómo estamos? No hijo, sí siento, sí lloro, me siento frustrado, dolido y más cuando muchas veces no puedo contar contigo...

¿Crees que soy miserable o codo, cuando te digo que apagues la luz? ¿Que ya apagues la compu? No hijo, lo que pasa es que no puedo todavía cubrir todos los gastos...

Tal vez no ha sido mucho lo que hemos hecho por ti hijo, pero hasta el dia de hoy toda la comida la seguimos proveyendo nosotros, y hasta hace tres años mamá y yo te comprábamos toda la ropa, te dábamos todos tus gastos, te compramos un carro y te dábamos para la gasolina, sólo en estos últimos tres años tú te has comprado tu ropa, hiciste varios pagos del carro que tuviste, pero tú bien sabes que muchas veces te ayudábamos para acompletar el pago, hijo con todo eso, no estamos arrepentidos de haberlo hecho, es más quisiéramos haber hecho más, pero sólo quiero que pienses, ¿Crees justo que podamos contar contigo?

Sobre todas las cosas te amo demasiado hijo.

Querida hija; perdóname por las presiones que ha veces pongo sobre ti, pero es que a veces me siento impotente, al no poder expresarme como tú, y cuando te pido que me ayudes es verdad hija te necesito. Perdóname por ser ahora en algunas cosas más ignorante que tú, pero si tú no me puedes ayudar entonces dime quién crees que pueda hacerlo.

Perdóname por insistirte en que aprendas a manejar, pero quiero que seas independiente, que seas una mujer que sale adelante por sí sola, no quiero que el día que yo te falte, porque un día te voy a faltar, se aprovechen de ti, o que tú no sepas valerte por ti misma, por eso es que te presiono hija, por eso trato de enseñártelo, tal vez no sé mucho, pero lo poco que sé trato de compartirlo contigo, ¿Quien mejor que tu padre para que te enseñe no crees hija?

Perdóname por no poder protegerte de todas las malas experiencias de tu vida, trato y hago lo mejor que puedo, pero soy humano hija y a veces fallo, (mas bien muchas veces)...

Hija a veces me siento frustrado cuando veo que ustedes creen saberlo todo, y cuando yo pregunto algo, me tachan de ignorante porque yo creo lo que me dicen personas que en esa area saben más que yo, ¿sabes? he estado preocupado porque no puedes usar totalmente tu compu, por eso pregunto qué se puede hacer y de qué manera te puedo ayudar, pero cuando lo comento contigo en lugar de escucharme, me criticas, no se vale hija, si tú tienes una mejor información enseñáme entonces, pero no me critiques, ya de por sí me siento frustrado al ver que no logran las metas propuestas aunque sea para sostener a la familia en lo básico, con todo esto hasta mamá piensa que no me esfuerzo.

Pero imagínate la paradoja de la vida, Manuelito trabajó un poco más de un año para él mismo y se cansó, mamá ha trabajado casi tres años para la casa (y toma en cuenta que no la ha sostenido totalmente) pero ya se cansó, y hasta tú le dices que ella debe tomar algo de lo que gana y es cierto (tienes razon), mamá se lo merece, pero no puedo tadavía decirle que deje de trabajar o que si trabaja ella ya puede disponer de todo su dinero, lo cual es mi anhelo, y tú llevas unos meses y ya te cansaste, sólo yo no me canso hija, los pude sostener totalmente a tu hermano por 17 años y a ti por 18, tal vez no como ustedes hubieran querido, pero te aseguro que hice lo mejor que pude, y ahora que no lo he podido hacer por los ultimos 3 años de una forma total ¿Crees que es justo que me reprochen, que me critiquen y que sea visto como un haragán?

Por ejemplo, ahorita no tengo para pagar la renta, pero si le digo a mamá se va a angustiar, me va a presionar y me va a ver como que no estoy esforzándome al máximo, así es que mejor no le digo nada y yo veré la forma de solventar este pago, y esto ha sido siempre así, ¿Crees hija que no me angustio? ¿Que no me frustro? Al no poder ni siquiera cubrir lo básico, y que todavía cuando les pedimos su apoyo en cosas simples como que contesten el telefono, llamen a la oficina para saber que quieren, etc, etc., se hagan del rogar, tú porque dices que no te gusta hablar y tu hermano dice que porque le gusta, pero no hacerlo para nosotros, y tal vez yo entro más en conflicto con ustedes porque yo casi siempre soy el que se los pido.

Querida hija; ¿Crees que no me he arrepentido más de 100 veces, el haberles fallado a Dios, y a ustedes mis hijos y a mamá como mi esposa, y que no sé hacer otra cosa que servirle a Dios, que no tengo otro oficio, otra vocación, más que enseñar, y que no aprendí otro oficio. Y que al no ser la fuente de provisión primaria en este tiempo me siento frustrado, dolido, desesperado, angustiado? Que muchas veces no encuentro la salida, que parece ser que es un camino sin retorno, ¿Crees que no lamento haber desechado lo que Dios me dio, pero que en su misericordia el Señor no me lo ha quitado?, pero todavía no encuentro la hebra del hilo.

¿Crees que no me siento triste, cuando veo que se me presentaron oportunidades pero ustedes no estaban listos?, y ahora que ustedes están listos, y que lo quieren intentar otra vez junto conmigo no se presentan las oportunidades,

y por eso no nos podemos mover para tener un nuevo comienzo, eso me frustra, me duele, me entristece.

¿Crees que no me angustio cuando veo que no tienes los documentos necesarios para que tú ya puedas estudiar, y que con la ayuda del Señor y de nosotros, puedas terminar tu carrera para entonces mamá y yo comenzar a cimentar nuestro tiempo de vejez, y que cada día que pasa es un tiempo en que nos hacemos más viejos mamá y yo y que hoy nos cansamos más que ayer, pero aún así antes de pensar en nostros seguimos pensando en ustedes?

Amados hijos, les amo, y me resisto al pensar que no puedo pedirles un favor, que no puedo levantarlos para que vayamos a la iglesia, me resisto todavía a pensar que no puedo contar con ustedes, yo sé que sí puedo contar con ustedes, que ustedes realmente quieren ayudarnos lo más que puedan, que ustedes al igual que nosotros nos amamos incondicionalemente, pero a veces nos cuesta expresarnos.

Creo que somos una familia, que no es perfecta pero que está luchando por salir adelante. Creo que somos una familia que a pesar de todo amamos a Dios por sobre todas las cosas... Creo que somos una familia que hacemos lo mejor para agradarnos el uno al otro. Creo que somos una familia que busca a Dios y que depende de Él en todas las circunstancias de la vida.

Creo que nosotros somos los que creamos nuestro propio ambiente y que nuestro hogar es un hogar basado en principios no en cosas materiales y superfluas. Y creo que somos una familia en la que podemos contar el uno con el otro en un 100%.

Creo tambien en que somos una familia en donde sobre todas las cosas nos preferimos unos a otros en lugar de cualquier otra cosa o persona.

Así es que sigamos adelante, volvamos a buscar a Dios con todo nuestro corazón, recuerden que ustedes han sido sellados por el Espíritu Santo desde el principio para su servicio. Y que un día ustedes la van a servir al Señor con toda su vida, con toda su pasion y con todas sus fuerzas.

Sé que ustedes me aman, que aman a Dios, que aman a mamá, que se aman entre ustedes, y que pueden entender lo que les estoy escribiendo, porque pueden percibir que les amo demasiado.

Su papá, que jamás dejará de amarlos.

Fueron momentos de gran estrés, de una presión anímica sin precedentes, no fue fácil, pero al final todos ganaron, se dio la victoria en todo su esplendor, cómo no valorar su nueva vida, al lado de esa nueva familia, porque también su familia había sido transformada en el proceso, habían madurado, habían dejado de quejarse y habían comenzado a ser agradecidos. Hubieron momentos de gran tensión, en que Manuel sentía que ya no contaba con sus hijos, ni con su esposa, parecía ser que le estaban cobrando el precio de la infidelidad. Pero es que ellos también estaban lastimados, estaban heridos, estaban casi muertos en vida y Dios tuvo que restaurarlos, resucitarlos y sacarlos de la más lúgubre de las tumbas de la desesperación, de la aflicción y de la angustia. Fueron tiempos, días y hasta meses de gran tensión. Ellos guardaban todo en su corazón. ¿A quién podían contarle lo que les pasaba? ¿Quién podía ayudarlos y entenderlos? Pero sobre todo ¿Quién podía consolarlos, restaurar y sanar sus heridas? Sus corazoncitos estaban a punto de estallar, sus emociones estaban en contraposición, sus pensamientos eran una maraña que no tenía sentido, ni razón de ser.

Manuelito se había enfriado emocionalmente, espiritualmente y hasta intelectualmente, a tal punto que llegó el momento en que no sabía qué quería estudiar, dejó de hacerlo por un año. Adrianita trataba de mantenerse a toda costa, pero tenía sus bajones de ánimo, de espíritu y aún anímicamente. Estaba confundida. María continuamente se preguntaba en lo recóndito de sus pensamientos: ¿Me habré equivocado, al darle otra oportunidad a Manuel? ¿Por qué sus hijos no lo respetan ahora? También en los pensamientos de Manuelito y de Adrianita, se hacían preguntas similares, a pesar de que ellos habían insistido en que María continuara al lado de Manuel, a pesar de que ellos sabian que si amaban a su Padre, la lucha entre lo que pensaban y lo que sentían se intensificaba continuamente. Por un lado querían correr a los brazos de su padre y decirle que lo amaban, pero en lo íntimo de su ser tenían dolor, y continuamente se preguntaban en su interior; ¿Papá por qué nos fallaste?

Inclusive Adrianita, le escribió en medio de este proceso una carta a Manuel, ya que esa era una de las mejores maneras en que se comunicaban, y en esa carta ella le preguntaba a su Papá, porqué les había fallado:

Papá:

Bueno... comenzaré mi carta con unos buenos días, porque supongo que todavía es de mañana. La verdad creo que éste es el mejor medio por el cual tú y yo podemos hablar bien. Porque aquí me "escuchas" con toda atención. Durante estos días había pensado en cómo decírtelo, lo iba a hacer personalmente pero mejor no porque sé que lloraría, y la verdad ya no quiero llorar. Te voy a hablar claro, porque quiero respuestas, tengo muchas dudas y necesito saber. Ahora que ya soy grande y tengo un poco de valor quiero hacerte preguntas que toda la vida he querido hacerte. Cuando estaba en el tiempo de ministración con el pastor, él me dijo algo que estaba oprimiendo mi vida, y que no me dejaba vivir libre. Y son estas dudas que he querido apagar, él me dijo que yo me quería hacer la pecadora para tratar de redimirte, pero me dijo que eso no lo puedo hacer yo, sino que sólo Dios. Me dijo que yo tenía derecho a pedirte cuentas, y después de tanto meditar, lo voy a hacer. ¿Por qué engañaste a mi mami? ¿Por qué no pensaste en nosotros? ¿Sabes qué es lo que más me recuerda que nos hiciste esto? Cada vez que te enojas por pequeñeces, ¿Sabes qué es lo único que me haces sentir? La culpabilidad por la infelicidad de mi mami. ¿Por qué no la haces feliz? ¿Por qué la tratas así? Deberías estar tan pero tan agradecido que mi mami te haya perdonado, no sólo una vez, sino todas las veces. Aunque te amamos, debes ganarte nuestro respeto. ¿Por qué no nos consientes? A veces pienso que tal vez no nos valoras porque nunca has estado sin nosotros. Y lamento decirte esto, pero si tú vas a seguir así lo mejor será que vivamos separados. No quiero que lleguemos a ser como abuelito Manuel y abuelita Goyita. No es sano papi. Sería mejor que fueras muy consentidor, por favor evita ser autoritario, porque lo único que provocas es lo contrario de lo que quieres. Manuelito y yo hemos sido buenos hijos, y de mami ni hablar... ha sido la mejor de las esposas. Ninguna otra mujer te hubiera perdonado NUNCA. Aprovecha la oportunidad que tienes, porque aunque sea doloroso, si sigues así vas a terminar con la familia. Aunque tú siempre vas a ser mi papi, puedes no ser el esposo de mi mami. Ahora que ya soy grande papi, entiendo más a mi mami, y la admiro como nunca. Yo necesito de un papá alguien cariñoso, no me gusta cuando hablas mal de la gente, como eso del orejón y cosas así. Quiero que seas tierno, amable, paciente. Y por favor no digas, es que yo soy el problema y todas esas cosas. A lo mejor no nos entiendes, porque a ti nadie te ha engañado, pero piensa que tú nos tienes que reconquistar. Obviamente no pensamos en que lo vas a volver a hacer, pero ese carácter papi, simplemente no te ayuda. Tú sabes que te amamos, pero así nos estamos haciendo mucho daño. Y aunque me duele hasta el alma, será mejor vivir separados si no hay un cambio. Quiero que le demuestres a mi mami, que fuiste un tonto cuando la engañaste, quiero que le demuestres que la amas como a nadie. Y por favor... restaura tu relación con Manuelito. ¡Es tu hijo! ¡tu hijo! Y bueno... eso es todo papi. Espero

me respondas por acá. Te quiero feliz, te quiero alegre, te quiero tierno, atento, te quiero a ti. Porfis trátanos bien, toma en cuenta que si nosotros te hablamos así, es porque nuestro corazón todavía esta dañado. Pero con la ayuda de Dios y con tu gran aporte, lo lograremos. Tienes estos meses para demostrarle a Manuelito que puede vivir aquí, porque tú eres diferente. Eso es todo papi, Espero me respondas pero sobre todo que cambies. Tú tienes que poner el mayor esfuerzo.
Con amor,
Tu hija: Adrianita.

Después de leer esta carta, Manuel no se podía quedar inamovible, su relación con su esposa e hijos tenía que cambiar drásticamente. De él dependía que el esfuerzo realizado por sus seres queridos (su esposa e hijos) de mantener el hogar unido, el matrimonio junto, y a la familia integrada se fuera por la borda y terminara en la basura.

Saber ser agradecido

Así es que cómo no valorar su nueva vida, ahora él ya tenía un trabajo estable otra vez, Manuelito ya estaba estudiando, y su nueva relación con María iba viento en popa, Adrianita seguía siendo: "la luz que da alegría". En esos momentos Manuel repetía un canto que hacía muchos años el había escuchado que decía: "...cómo no creer en Dios...", y otro canto que tocaba las fibras mas íntimas de su ser era aquel que dice a la letra: "Cuán grande es Dios, cuan grande es El".

Solamente tenía que ver a su esposa, y a sus hijos para entender la gracia, el amor y la misericordia de Dios sobre su vida; ¡Cómo no ser agradecido! Estaba agradecido con Dios, con su esposa, con sus hijos, con esa nueva y última oportunidad, había que aprovecharla al máximo.

Manuel tomó uno de los últimos escritos que le había dado Mario, ya que ellos trabajaron todo el proceso de esa manera. Mario escribía los puntos, los temas a tratar, los ejercicios que Manuel tenía que hacer, las tareas encomendadas y los cambios que se esperaban; y después se reunían para estudiarlos, analizarlos y ver la mejor manera para aplicarlo en la vida de Manuel y de su familia.

Gratitud medicina contra la adicción

Sin importar el tipo de adicción que cualquier persona pudiera tener, todas coinciden en una raíz común: El egoísmo. El pensar en nosotros mismos, el actuar bajo nuestra propia conveniencia, el pensamiento y la obsesión que genera la autosatisfacción.

Este egoísmo consume nuestro interior y nos va alejando cada vez más de Dios. Seguramente tú tienes muy presente la parábola del Sembrador y te será fácil darte cuenta cómo, al referirse a la semilla que cayó entre espinos, Jesús estaba hablando de esto: *"La que cayó entre espinos, éstos son los que oyen, pero yéndose, son ahogados por los afanes y las riquezas y los placeres de la vida, y no llevan fruto"* (Lucas 8:14).

Observa que este afán e inclinación hacia las riquezas son comparables a la búsqueda de placeres alejados de Dios, es decir aquellos que tienen como enfoque nuestra satisfacción personal alejado de la voluntad de Dios. En esta vida enfocada en uno mismo es imposible dar el fruto de satisfacción real lo cual se vuelve un círculo vicioso que no podemos romper sino hasta el momento en que damos paso en nuestra vida a un espíritu de gratitud por lo que tenemos.

Si bien es cierto que el primer paso que necesitamos para salir de cualquier tipo de adicción es el reconocimiento de nuestra necesidad y el convencimiento de que somos totalmente incapaces de salir solos, uno de los pasos indispensables en la búsqueda de la libertad es formar en nuestro interior un corazón agradecido que comprenda que toda situación o experiencia atravesada tiene un objetivo y un propósito de Dios encausado hacia nuestro bien.

"Y sabemos que a los que aman a Dios, todas las cosas les ayudan a bien, esto es, a los que conforme a su propósito son llamados" (Romanos 8:28).

Este pasaje por demás conocido por todos viene a poner en evidencia lo que le comento arriba: Nuestras circunstancias son permitidas por Dios con un propósito. Dios sabe lo que hoy tú estás atravesando, conoce perfectamente aquellas situaciones que pueden estarte afectando o siendo una excusa para inclinarte al pecado. Incluso vayamos más allá en este pasaje, recordando la grandeza y poder de Dios debemos también tener presente que cada situación que estemos atravesando Él la pudiera evitar, pero no lo ha hecho por que tiene un plan, un propósito que muchas veces está oculto en el tiempo, el tiempo de Dios.

Si algo está sucediendo es porque Dios no ha permitido lo contrario, y si lo estamos atravesando es porque un beneficio viene acompañado en esa circunstancia. Y eso es motivo para estar agradecidos con Dios por el cuidado, interés y dedicación que tiene para nuestras vidas.

Nota igualmente que en ningún momento he hecho una señalización en cuanto a clasificar nuestras circunstancias, pues en un corazón inclinado al pecado, lejano de todo sentimiento de gratitud para con Dios esto es irrelevante. Aquel que está atravesando una situación complicada, poco agradable, de mucha presión y al mismo tiempo carente de gratitud en su vida expondrá estas situaciones como pretexto para caer víctima del estrés y las adversidades que la vida le presenta. De igual manera aquel que no poseé gratitud y reconocimiento para con Dios de lo que tiene podrá estar en bonanza, en momentos agradables en su exterior y eso será también el motivo para indicar que esto es lo que le llevó a alejarse de Dios.

Nuestro comportamiento no depende de lo externo, depende de lo que en el corazón se haya sembrado y del reconocimiento del proceder de esos factores externos.

¿Quieres una vida que realmente dé fruto? Lee junto conmigo el secreto para esto en 1 Timoteo 6:6 *"Pero gran ganancia es la piedad acompañada de contentamiento".*

"Gran ganancia" Impresionante, una vida contenta con lo que tiene, una vida llena de agradecimiento es una vida lista para dar fruto. Es alguien que ha dejado en su interior trabajar a Dios por medio de lo que en su exterior acontece. Es alguien que ha reconocido las adversidades y los tiempos de abundancia como herramientas de Dios para formar el carácter y afianzar en el corazón una dependencia diaria basada en la comunión. Ser agradecidos es salirnos de nosotros mismos, es enfocarnos en otros, es darle la oportunidad a Dios de manifestarse sin importar condiciones.

Tú y yo tenemos el enorme privilegio de ser parte de un momento crucial en la historia de la humanidad. Tal y como lo declara la carta a los hebreos en el capítulo 12, verso 28: *"Así que, recibiendo nosotros un reino inconmovible, tengamos gratitud, y mediante ella sirvamos a Dios agradándole con temor y reverencia..."* Nosotros estamos recibiendo un reino que nadie puede hacer tambalear. Por eso seamos agradecidos y adoremos a Dios de la manera que a él le agrada. Hagámoslo con respeto y con temor.

Ser agradecidos es un remedio para la vida atada a la adicción. Ser agradecidos es dar pasos para vivir libres en Cristo de forma permanente. Ser agradecidos es volvernos igualmente agradables a Dios. Te invito a que hoy, por extraño que te pueda parecer a ti mismo, doblegues tu ser a Dios y te alejes por un momento de las peticiones y eleves a Dios una plegaria en la cual de todas las palabras que pronuncies sobresalga de lo más profundo de tu corazón un "Gracias Dios".

Señor: muchas gracias por la oportunidad que me das para poder desandar el camino, que por cierto estaba muy torcido.

Gracias Dios, por la nueva vida que me has dado, los nuevos valores que has cimentado en mi vida, y el nuevo código de honor que rige mi conducta diaria.

Gracias esposa(o) por la bendición de ser parte del regalo que Dios ha dado a mi vida, porque llenas los vacíos de mi ser, y me complementas en todo así como yo existo para hacerte feliz, y para que tú seas feliz a mi lado.

Hija tu eres la luz que me da alegría, no solamente a mi, sino a todos los que se interrelacionan contigo y a todos los que te rodean en tu entorno, sabes es un privilegio ser tu padre.

Hijo, príncipe de Dios, fuiste constituido y yo como tu padre soy el que te tengo que enseñar a reinar, y a gobernar, en primer lugar sobre tus propias pasiones, para que el día de mañana tu fundes tu hogar sobre el Código de Honor basado en los principios y valores de la Palabra de Dios.

Gracias por la vida, por la luz, por la salud, por el alimento diario, por rescatarme de todas las adicciones que aprisionaban mi vida, que mermaban mi carácter y que destruían a mi familia.

Gracias por el nuevo carácter que me has ayudado a forjar, en medio de la aflicción, de la angustia y del dolor.

Gracias por los amigos, por los pastores tus siervos, que muchas veces no son reconocidos.

Gracias por vivir cada día como una nueva experiencia, tener una nueva expectativa, y cada día es un día de victoria.

Gracias por todo aquel que este leyendo este libro con la disposición de cambiar su conducta, de dejar sus adiciones, porque tú le dices: "Si, se puede, al que cree todo le es posible."

Gracias Señor, por esta nueva oportunidad, te doy gracias en nombre de todos aquellos que tu has rescatado, y en nombre de todos aquellos que todavía rescatarás de las garras del monstruo de las adicciones sexuales.

Gracias, en el nombre de Jesús, AMEN.

Palabras Finales

Manuel ha cambiado su Código de Honor, todo ser humano desde el momento de su concepción está formando sus valores, sus principios, su razón de ser y su destino, es ahí en el vientre de su madre, donde comienza a marcarse su misión.

Misión que muchas veces se aborta, porque se deja de caminar sobre los valores y principios que Dios pone en todo ser humano desde el mismo momento en que el espermatozoide fecunda el óvulo en el vientre de la mujer. San Agustín de Hipona, lo expresaba con estas palabras: "Dios nos creó con un vacío, que únicamente puede ser llenado por Dios mismo". Es un vacío existencial, que el ser humano trata de llenar indistintamente con dinero, con placeres, con deleites, con estudios, con mujeres, con sexo, con adicciones, pero no es hasta que el hombre o la mujer se vuelven a Dios, que se vuelven a encontrar con su destino, y con la misión establecida por el Creador del universo en los anales de la eternidad.

El sabio Salomón, dijo: *"He aquí, sólo una cosa he hallado que Dios hizo al hombre perfecto, pero ellos buscaron sus propias perversiones."* Las cuales son muchas hoy en día en la humanidad. Hay perversiones sexuales, físicas, morales, familiares y sociales.

Dios dejó establecido su código en lo íntimo de nuestro ser, en lo más profundo de nuestro espíritu. Es un código de alto honor, del más elevado y sublime valor, el más puro e inmarcesible de los decálogos de todos los tiempos, basado en principios y valores eternos, que no cambian ni por el tiempo, ni por los estados de ánimo, ni por el dolor, ni por el placer, ni por la alegría, ni por el gozo. No sufren ningún deterioro con el arcano del tiempo, no son susceptibles a las modas, ni a las circunstancias, son inamovibles, son permanentes, no tienen sombra ni mudanza de variación, son eternos, como el Creador, como Aquel que los incluyó en nuestro acervo creativo, son para siempre como Aquel que nos formó en cada una de nuestras partes; desde la matriz de nuestra madre, que estuvo presente en el momento de la concepción, y que se gozo en nuestro proceso formativo. El Salmista David, el dulce cantor de Israel en su forma muy particular de Poeta y bajo la inspiración del Espíritu Santo, da testimonio de que El Señor, creador de todo el Universo nos creó en cada una de nuestras partes y con cada una de nuestras formas, sin que faltara siquiera una, y sin que ninguna estuviera incompleta:

"Porque tú formaste mis entrañas: Tú me hiciste en el vientre de mi madre, te alabaré; porque formidables, maravillosas son tus obras; estoy maravillado y mi alma lo sabe muy bien. No fue encubierto de ti mi cuerpo, bien que en oculto fui formado, y entretejido en lo más profundo de la tierra. Mi embrión vieron tus ojos, y en tu libro estaban escritas todas aquellas cosas que fueron luego formadas, sin faltar una de ellas."

No hubo nada de nuestro ser, que no haya sido formado por nuestro buen Dios y Señor, y Él nos creó con pensamientos de bondad, con altos valores y con principios eternos en nuestro corazón, en nuestra mente y en nuestra conciencia, pero con el pasar del tiempo, fuimos dejando que esos principios se acallaran, se ocultaran, pero...¿Sabes qué? Todavía siguen dentro de ti, sólo tienes que volverlos a sacar, a darles brillo, a quitarles el moho, las telarañas y volver a caminar bajo esos principios que forman el código de honor de cada ser humano. El apóstol Pablo nos anima a que cambiemos nuestra forma de pensar, con este nuevo código de valores y principios:

*"Por lo demás hermanos, todo lo que es verdadero, Todo lo honesto, todo lo justo, todo lo amable, Todo lo que es de buen nombre; si hay virtud alguna, Si algo digno de Alabanza, en esto **pensad**."* (Fil.4:8).

Uno de los tres principales discípulos del Señor Jesucristo, nos pidió que siempre le siguiéramos añadiendo virtudes, principios y valores a nuestro código de honor, de esa forma nunca estaría obsoleto, ni se deterioraría:

"Vosotros también, poniendo toda diligencia por esto mismo, Añadid a vuestra fe virtud; a la virtud, conocimiento; Al conocimiento, domino propio; Al domino propio, paciencia; A la paciencia, piedad; a la piedad afecto fraternal; y al afecto fraternal, amor. Porque si estas cosas están en vosotros y abundan, No os dejaran estar ociosos ni sin fruto en Cuanto al conocimiento de Nuestro Señor Jesucristo." (2 P. 5-8).

Después continúa dando una grande y clara advertencia de lo que pasaría, si no hacemos lo que nos esta recomendando: *"Pero el que no tiene estas cosas (las que mencionó anteriormente) tiene la vista muy corta; es ciego, habiendo olvidado la purificación de sus antiguos pecados. Por lo cual, hermanos, tanto más procurad hacer firme vuestra vocación y elección; porque haciendo estas cosas no caeréis jamás. Porque de esta manera os será otorgada amplia y generosa entrada en el Reino de nuestro Señor y Salvador Jesucristo. Por esto, yo no dejaré de recordar siempre estas cosas, aunque vosotros la sepáis, y estéis confirmados en la verdad presente."* (1 P. 1: 9-12).

Todo mentor, al igual que el Apóstol Pedro, es alguien que siempre te va estar recordando los valores, y te va a estar pidiendo que continúes restaurando tus principios, de esa forma te mantendrás firme y seguro en tu nueva vocación y en la restauración total de tu código de honor. Es lo que cada semana hacían Mario, María y el pastor de Manuel con él. Él sabía que ahora sólo le restaba un camino hacia adelante y hacia la victoria, y que jamás debería retroceder, ni siquiera para tomar impulso.

En una de esas tardes en que el pastor de Manuel le había replanteado un cambio de valores, y de conducta estudiaron un pasaje que menciona el Apóstol Pablo en el libro de Gálatas, Manuel estaba inquieto con todo lo que decía ese pasaje; porque lo estaba confrontando directamente con su vida pasada y con lo que Dios quería ahora que él hiciera, que cambiara totalmente su conducta.

"Digo, pues: Andad en el Espíritu y no satisfagáis los deseos de la carne. Porque el deseo de la carne es contra el Espíritu, y el del Espíritu es contra la carne; y estos se oponen entre sí, para que no hagáis lo que quisiereis. Pero si sois guiados por el Espíritu, no estáis bajo la ley. Y manifiestas son las obras de la carne, que son: adulterio, fornicación, inmundicia, lascivia, idolatría, hechicerías, enemistades, pleitos, celos, iras, contiendas, disensiones, herejías, envidias, homicidios, borracheras, orgías, y cosas semejantes a estas, acerca de las cuales os amonesto, como ya os lo he dicho antes, que los que practican tales cosas no heredaran el reino de Dios." (Gá. 5:16-21).

Manuel estaba sumamente impactado y redargüido, porque al menos cinco de las cosas enunciadas en la lista anterior, tenían que ver con el desenfreno sexual, en el cual él había estaba metido, las palabras que marcaban los hechos que él hacía y que practicaba continuamente son: adulterio, fornicación, inmundicia, lascivia y orgías. Y aunque él no llegó a involucrarse en alguna orgía, le llamaba la atención sobremanera la forma en como la

Biblia describía los actos, pecados y acciones de su vida pasada. Esa tarde en particular fue motivado a cambiar sus valores, a retomar su código de honor, a seguir cambiando su estilo de vida. Ya que los versículos que seguían en el pasaje, le decían ahora qué debería hacer, qué valores debería añadir a su conducta, bajo qué principios tendría que caminar siempre: *"Mas el fruto del Espíritu es amor, gozo, paciencia, benignidad, bondad, fe, mansedumbre, templanza; contra tales cosas no hay ley. Pero los que son de Cristo han crucificado la carne con sus pasiones y deseos. Si vivimos en el Espíritu, andemos también por el Espíritu."* (Gá. 5: 22-25).

Fue en medio de este angustioso proceso de que él se dio cuenta de que, no había entendido el amor, ya que tener sexo no es amor, cubrir los gastos de la casa, no siempre reflejan el amor, ser cumplido en el trabajo no necesariamente es porque amamos. Manuel amaba a sus hijos a su manera, el valor y principio del amor habían sido distorsionados en su vida desde su niñez. Cuando leyó lo que Pablo decía acerca de lo que no es el verdadero Amor, quedo anonadado: *"Si yo hablase lenguas humanas y angélicas, y no tengo amor, vengo a ser como metal que resuena, o címbalo que retine. Y si tuviese profecía, y entendiese todos los misterios y toda ciencia, y si tuviese toda la fe, de tal manera que trasladase los montes, y no tengo amor, nada soy. Y si repartiese todos mis bienes para dar de comer a los pobres, y si entregase mi cuerpo para ser quemado, y no tengo amor, de nada me sirve."* (1 Co. 1-3).

¡Guuaaaauuu! fue la exclamación de Manuel después de terminar de oír este pasaje, no es que no lo conociera, lo que había pasado con él, es que no lo tenía presente, sus definiciones de amor habían cambiado, en algún momento de su vida, sin siquiera darse cuenta, ahora pensaba y actuaba diferente. Se dio cuenta que realmente sin amor no era nadie y de nada servía todo lo que hiciera. Ahora como una luz incandescente sobre su corazón venían las palabras de Jesús, cuando dijo:

"Amarás al Señor tu Dios con todo tu corazón, con toda tu alma y con toda tu mente. Este es el primero y grande mandamiento. Y el segundo es semejante: Amarás a tu prójimo como a ti mismo. De estos dos mandamientos dependen toda la ley y los profetas" (Mt. 22: 37-40).

Manuel descubrió, que para Dios el amor verdadero lo era todo, y se dio cuenta por primera vez que no se amaba a sí mismo, y por lo tanto no podía amar plena y realmente a María su esposa y a sus hijos. Aunque él era egoísta, vanidoso, egocéntrico y lleno de orgullo, no se amaba realmente, porque el orgullo, la vanidad y la soberbia no son vislumbres de amor. Puede ser hedonismo pero no amor, puede ser egoísmo, pero no amor. Porque no había cuidado a su esposa, no había valorado a sus hijos, y había echado por tierra en muchas ocasiones el hogar que Dios le había regalado. Descubrió que el verdadero amor tiene otras características:

"El amor es sufrido, es benigno; el amor no tiene envidia, El amor no es jactancioso, no se envanece; no

hace nada indebido, No busca los suyo, no se irrita, no guarda rencor; No se goza de la injusticia, mas se goza de la verdad. Todo lo sufre, todo lo cree, todo lo espera, todo lo soporta. El amor nunca deja de ser."

Un nuevo valor se estaba adhiriendo al nuevo Código de Honor de Manuel, el amor genuino y verdadero, no un amor "hollywoodense", no un amor profano, ni sucio, ahora el verdadero amor era parte intrínseca de su vida, de su ser, de sus acciones y de sus pensamientos. Hoy por hoy Manuel ama incondicionalmente a su pequeña gran familia, sus seres queridos que han estado con él en todo el largo, pesado y angustioso proceso, y siguen caminado hacia ese nuevo amanecer que tienen en esta nueva oportunidad.

El reto en la vida de Manuel había hecho mella, se estaba ejecutando, se estaba poniendo en práctica, con el apoyo de sus mentores, de su querida familia, su esposa y sus hijos, la indiscutible ayuda del Espíritu Santo, los valores de la iglesia, los principios de la Biblia, la palabra de Dios, y desde luego la voluntad ahora inquebrantable de Manuel que no dejaban lugar a ninguna duda, el había cambiado su Código de Honor.

OTROS LIBROS DEL DR. MIGUEL RAMÍREZ

Alcanzando Tus Sueños

Todo mundo tiene sueños, pero son pocos los que los alcanzan. Este libro presenta todos los aspectos que intervienen para poder alcanzar nuestros sueños, y expone de manera detallada, paso por paso cómo puedes lograrlo.

Que su Iglesia Crezca

Un excelente libro que aborda los principios del crecimiento de la Iglesia basado en el libro de los Hechos. Es un análisis profundo pero práctico que todo pastor y líder debe leer. Presenta cómo puede hacer crecer su Iglesia.

ABC de las Finanzas Familiares

Este libro trata de manera sencilla y muy práctica la perspectiva bíblica de la administración de nuestros recursos económicos.

OTROS LIBROS DEL DR. MIGUEL RAMÍREZ

Cuando el esposo Falla

Cuando el hombre falla genera todo un panorama oscuro en su familia, pero hay esperanza para todas aquellas familias que quieren salir adelante.

ABC de la Administración
Estrategias y principios bíblicos para administrar eficazmente

En este libro, él autor trata de una forma simple pero efectiva los cuatro pasos del proceso administrativo y los fundamentos bíblicos de la administración

CONTACTO
Dr. Miguel Ramírez

mies2@hotmail.com
Cel. 333 722 25 70

www.ingramcontent.com/pod-product-compliance
Lightning Source LLC
Chambersburg PA
CBHW072334300426
44109CB00042B/1431